JUDEN NARREN DEUTSCHE

JUDEN NARREN DEUTSCHE

Essays von Hazel Rosenstrauch

persona verlag

Ich widme dieses Buch meinem Sohn
Luis M. Rosenstrauch, der in Österreich lebt
und ganz andere Erfahrungen macht als ich.

zeichnung + cover design: www.honetschlaeger.com
Technische Bearbeitung: Barbara Straube, kus-design
Satz: Petra Petzold
Druck: Fuldaer Verlagsanstalt
ISBN 978-3-924652-37-1

Inhalt

Vorspann *7*

I. Die ewige Jüdin

Totengespräch mit Heine *13*
Erinnern und erinnert werden *17*
Whodunnit *24*
Narrologien *38*
Deponie für die Seele *47*
Notizen für einen Businessplan *63*

II. Jüdisches, allzu Jüdisches

Ist Emigrans erblich? *71*
In der Straßenbahn *81*
Mein neuer Großvater *83*
Manchmal hab ich mit meinen Eltern gehadert *92*
Ich war noch beim Frühstück … *99*

III. Deutsche Studien

Künstliche Befruchtung *115*
Fühlmal für die ermordeten Juden *120*
Geflohene Eliten *122*
Die Niedrig- und die Wohlgesinnten *126*
Meine Achse des Guten *141*

Abspann *149*

Anmerkungen *153*
Textnachweise *157*

Vorspann

Es sollte ein Buch über Narren werden und es ist eines über Deutsche und ihre Juden geworden. Die Verlegerin wollte ältere Aufsätze drucken, ich wollte, dass in einem solchen Band nicht nur alte Hadern hängen. Also gibt es neue und einige ältere Texte. Sie handeln von Zuschreibungen, Assoziationen, die man auslöst, und solchen, die ich habe. Der erste Teil spiegelt aktuelle Erfahrungen, im zweiten und dritten Teil der Sammlung steht bereits Gedrucktes: Gefühle und Geschichten aus vergangenen Zeiten. Wir haben solche ausgewählt, die im 21. Jahrhundert nicht verschwunden sind.

Die Vergangenheit wird neu geordnet. Man geht heute anders mit ihr um und mich interessiert vor allem dieses Umgehen. Umgehen? Wie bei den Erinnerungen an den Mauerfall werden auch bei der Erinnerung an den Nationalsozialismus neue Legenden gewoben, Geschichten erfunden und uminterpretiert. Welche Rituale, Mythen, Floskeln, Standards und vielleicht auch neue Mauern sind entstanden? Welche neuen deutschen, jüdischen, jüdisch-deutschen oder auch europäischen Identitäten tauchen aus der Finsternis auf und was hätte Harry Heine dazu gesagt?

In Deutschland lebend, als Kind von nicht sehr jüdischen, aber als Juden verfolgten Emigranten, setze ich mich notgedrungen mit den gewachsenen Formen der »Verbewältigung« in Deutschland (und auch in

Österreich) auseinander. Ich würde dem Thema gern ausweichen, zumindest gelegentlich, aber es springt mich an, in Zeitungsartikeln, Filmen, Nachrichten und Preisverleihungen. Wenn ich nicht darauf eingehe, bekomme ich Rückenschmerzen – links unter dem Schulterblatt, dort wo Hagen dem Siegfried den Speer ins Herz gerammt hat, weil wegen eines Lindenblatts an dieser Stelle ihn kein Drachenblut schützte. Auch meine Haltung hat sich im Laufe der Jahre geändert, teils, weil ich gereift bin, sicher, weil sich die Formen der Auseinandersetzung – und ihrer Vermeidung – geändert haben. Man sagt mir heute nicht wie vor vierzig Jahren »Sie gehören doch nicht, ähm, zu unserem Volk«, es gibt keine Hakenkreuze im öffentlichen Stadtbad, und wenn es sie gäbe, würden sie schnell weggeschrubbt; ich habe schon lange keinen Drohbrief mehr bekommen und muss mich nicht mehr mit dem Antisemitismus von linken Genossen herumschlagen. Diese Geschichten sind tatsächlich aus einem anderen Jahrhundert, ich weiß, dass es das noch gibt.

Ich spaziere durch Berlin, lese Zeitungen und sehe Filme, in denen »Jüdisches«, die Judenverfolgung, die deutsche Schuld und Verwandtes thematisiert werden, und spähe in umgekehrter Richtung – Forschungsobjekte schauen Euch an. Es sind unfertige und nicht auf Fertigkeiten zielende Gedanken, Beobachtungen, Briefe, Erinnerungen und Nachgeschmäcker, die sie hinterlassen. Erstens versuche ich zu verstehen, was zur Zeit passiert (und was mir dabei fehlt), zweitens möchte ich Worte finden, die leblose Rituale, schuldbewusstes, schuldabwehrendes oder entschuldigendes Gebrabbel aufbrechen, und drittens will ich der meines Erachtens weitgehend vernachlässigten Tradition der »unjüdischen Juden« ein Plätzchen geben.

Man soll mich bitte nicht missverstehen. Ich bin nicht gegen die Auseinandersetzung mit der »schwierigen deutschen Vergangenheit«, im Gegenteil, sie macht dieses Land wach und reizvoll. Mir sind die begrifflichen Gespenster suspekt und ich wehre mich gegen die Boxen, in die ich und »wir« immer wieder gesteckt werden. Das geht nicht nur Juden und erst recht Jüdinnen so, aber die Rolle, die unsereinem zugeschrieben wird, hat und bekommt eine neue Brisanz, wenn wiedervereint nach einer deutschen Identität gefahndet wird.

Mitte der 1980er Jahre, nach den vierzig Jahren, die auch Moses durch die Wüste gewandert ist, bis das Volk den alten Götzen abgeschworen hat, sind Institutionen und Institute, Sprachregelungen und Gedenkformen entstanden, die den Blick auf den Nationalsozialismus verändert haben. Die Generation, die diese Codes (in der BRD) entwickelt hat, tritt nun ab. Ein anderer 9. November und eine andere deutsche Vergangenheit, die bewältigt werden will, drängen sich vor, seit das Datum des Mauer-Falls geschichtspolitisch genutzt wird.* Wir haben überlegt, wie wir es anstellen könnten, dass dieses Buch nicht in der Abtei-

* Anmerkungen am Ende des Buches.

lung Judaica und auch nicht in der mit der Überschrift Nationalsozialismus landet. Noch gibt es hier kein Ministerium für nationale Identität wie im Nachbarland Frankreich. Wenn die Buchhändler, was nicht mehr ganz abwegig ist, ein Regal für die neue deutsche Identitätsdebatte (NTI?) einrichten, könnte es hineinpassen. Links unten, schräg angelehnt. Vielleicht aber gibt es noch ein Regal für Titel, die nirgends so ganz hineinpassen, das wäre mir am liebsten.

I. Die ewige Jüdin

Totengespräch mit Heine

»Aus einem repräsentativen Kanon von etwa tausend deutschsprachigen Schriftstellern und Schriftstellerinnen der letzten drei Jahrhunderte hat das Literaturmagazin ›Bücher‹ im Jahre 2005 die fünfzig weltweit meistgenannten und meistbesprochenen ausfindig gemacht. Auf dem ersten Platz landete Heinrich Heine.«* Hätten Sie, verehrter Heinrich Heine, das gedacht? Vielleicht haben Sie es sich gewünscht, aber wären Sie auf die Idee gekommen, dass man knappe zweihundert Jahre nach Ihrer Zeit Juden – korrekter: »die Juden« – nicht nur nicht mehr hassen, sondern lieben würde?

In einem Gespräch über die Taufe von Juden lassen Sie Börne sagen »... glauben Sie, dass durch die Taufe die innere Natur ganz verändert worden? Glauben Sie, dass man Läuse in Flöhe verwandeln kann, wenn man sie mit Wasser begießt?« Inzwischen gibt es sogar Flöhe, die sich beschneiden lassen, um Läuse zu werden. Sie spotteten über alte Töchter Israels, die am Halse lange Kreuze trugen. Ich sah Töchter christlicher Mütter, die große goldene Davidsterne mit Diamanten um den Hals trugen.

Wenn ich Bemerkungen zitiere, die Sie vor zweihundert Jahren aufs Papier geworfen haben, über Konvertiten (in die andere Richtung) oder »schmutzige Bartjuden aus polnischen Kloaken« muss ich vorsichtig sein. Es könnte passieren, dass ich angeklagt werde.

Sogar hochgestellte Politiker wurden aufgrund ähnlicher Äußerungen ihrer Posten enthoben ... oder fast enthoben (sie bekamen andere), wegen des Verdachts auf Volksverhetzung. Mit Ihren kessen Bemerkungen würden Sie heute eventuell vor den Staatsanwalt zitiert und nur die fehlende Vorhaut könnte Sie vor Verurteilung schützen.

Sie haben gewarnt, als beim Fest auf der Wartburg Bücher verbrannt wurden. Im 20. Jahrhundert hat der Teutomanismus, wie Sie das nennen, dazu geführt, dass Juden, ob sie den alten Göttern treu oder der Laushaftigkeit entflohen waren, erniedrigt, vertrieben und, wenn sie nicht geflohen waren, umgebracht und auch verbrannt wurden.

Seither und deshalb gibt es nur noch wenige Töchter und Söhne Israels in Deutschland. Inzwischen wurde viel getan, um wieder Juden anzusiedeln, sie wurden importiert, konvertiert und memoralisiert, dass mir es schwindelt. Die Berliner haben dafür das schöne Wort Wiederjudmachung. Man hat Juden oder Menschen, die sich aus praktischen Erwägungen als Juden ausgegeben haben, nach Deutschland einreisen lassen, man hat ihnen Pässe und Geld gegeben, um neue Gemeinden aufzubauen.

Das war eine sehr weitsichtige Entscheidung. Man kann inzwischen statistisch nachweisen, »es gibt wieder ein jüdisches Leben in Deutschland.« Junge Menschen, die man vormals als Ostjuden bezeichnet hätte, deren Großeltern nicht im Konzentrationslager, vielleicht aber im Gulag für ihr Judentum zahlten, wollen im so lange entjudet gewesenen Deutschland »ein schönes entspanntes jüdisches Leben aufbauen.«* Der Imagegewinn lässt sich nicht hoch genug einschätzen.

Man liebt jetzt die Juden, es sieht jedenfalls so aus. Buchhandlungen, Theater, Vortragssäle und Museen kümmern sich um die Kunst und Literatur der Juden, um jüdische Geschichte, Lieder, Essgewohnheiten – hauptsächlich die der toten. Schlechte Schul- und schöne Kinderbücher erzählen rührende Geschichten von Pogromen. Junge Autorinnen und Autoren, die keine Juden sind und keine jüdischen Freunde haben, in deren Kindheit die Auseinandersetzung mit dem großen Morden keine Rolle spielte, bauen »Juden« in ihre Romane ein – sie sind zu einer Art Entreebillet in den deutschen Kulturbetrieb geworden.

Die Romantiker haben zu Ihrer Zeit für die edlen Wilden geschwärmt, das ist heute nicht mehr korrekt. Inzwischen stilisiert man die Juden zu »edlen Zivilisierten«, begabt, bewundernswert und genial. Künstler und Wissenschaftler, Operettensänger oder Kaufhausbesitzer, die christlich aufgewachsen sind, werden zurückblickend unter »Juden« rubriziert. Wie hätte sich Felix' Vater gefreut, wenn er gehört hätte, dass ein begeisterter Redakteur als Ankündigung eines Musikstücks sagt: »Felix Mendelssohn-Bartholdy hatte Glück, er kam aus einer jüdischen Familie.« Der Mann wusste nicht, dass es nicht immer ein »Glück« war, aus einer jüdischen Familie zu kommen.

Straßen werden in Erinnerung an jüdische Bürgerinnen und Bürger, Mitbürger, Vertriebene und Ermordete umbenannt. In den Städten, aus denen sie vertrieben wurden, stolpert man über Steine, die erinnern. Auf Briefmarken prangen die Bilder jüdischer Geister, die geglaubt hatten, sie wären Deutsche, bevor sie als Juden aus dem Land ihrer Geburt rausgeschmissen wurden. Häuser werden abgerissen oder aufgebaut, um zerstörte Synagogen freizulegen, Menschen, die wirken wollen, legen sich jüdische Vor- oder auch Nachnamen zu, sie sind eine Marke – »Made in Germany«.

Kürzlich war ich im schönsten deutschen Konzerthaus und kaufte mir ein Programm. Es wurde auch ein Stück von Hans Krása aufgeführt. Und wo bei den anderen Komponisten nur Geburts- und Sterbedatum steht, steht bei ihm: Klammer auf, Auschwitz, Klammer zu*. So weiß man gleich, dass er Jude war und umgebracht wurde. Das ist gut gemeint, man gibt sich viel Mühe.

Erstaunlich viele Leute haben nun eine jüdische Großmutter, leiten sich, und sei es in fünfter Generation, von Juden her, solchen, die Sie kannten, Mendelssohns oder Rahel Levin, die zwar keine Kinder hatte – Sie, verehrter Heine, wissen allzu gut, wie sehr sie unter ihrer Herkunft gelitten hat –, aber man ist jetzt stolz, jüdische Ahnen zu haben. In Ihrer Heimatstadt Düsseldorf wurde 23 Jahre lang gekämpft, um die Universität nach Ihnen zu benennen. Stellen Sie sich vor, Ihre Anhänger haben gewonnen, es gibt eine Heinrich-Heine-Universität! Es gibt auch jede Menge Institute, Portale, Foren und Kurse, Schulen und Zeitschriften,

Straßen und Grenzübergänge, die nach Ihnen benannt wurden. Neulich las ich von einem konservativen Deutschen, der sich nicht nur nach Juden, sondern nach Ostjuden sehnt!*

Experten für Ihre Literatur beschreiben Sie als Fremdling, allein, ausgestoßen, eben jüdisch. Sie haben recht behalten, dem Judentum konnten Sie nicht entkommen.

Trotz der tiefsitzenden deutschen Liebe zu allem Jüdischen bin ich froh, dass die Kaufhäuser und Banken, die derzeit Tausende Leute entlassen, nicht in jüdischer Hand und erst recht, dass sie nicht in jüdischen Händen sind.

Erinnern und erinnert werden

Nach 33 Umzügen habe ich endlich die Wohnung gefunden, in der ich bleiben will: in Berlin-Schöneberg. Ums Eck ist das Bayerische Viertel, in dem – wie wir dank der Nachforschungen in den 1980er Jahren wissen – »mehr als 16 000 Bürger mitsamt ihrer Familien« gewohnt hatten, »die sich als Rechtsanwälte, Ärzte oder Unternehmer einen respektablen Platz in der Gesellschaft erworben hatten«. Die Rede ist, wie könnte es anders sein, von jüdischen Bürgern oder jüdischen Mitbürgern, wie das noch hieß, bevor das »mit« einer politisch korrekteren Sprachregelung zum Opfer gefallen ist.

Zum Gedenken an diese einstigen Bewohner wurden 1993 (Gedenkjahr!) »die scheinbar harmlosen, unauffälligen Tafeln an den Orten des Erinnerns« angebracht, an Laternenpfählen oder, wie in dem Wikipedia-Eintrag steht, »an den Masten der Straßenbeleuchtung« (wollte da jemand die Assoziation ans Aufknüpfen vermeiden?). Es sind achtzig Tafeln, jede 50 x 70 cm groß, auf einer Seite sieht man ein Bild – etwa eine Katze oder eine Schultafel, einen Hut oder eine Torte –, das an antisemitische Gesetze oder »Maßnahmen« erinnert. (»In Bäckereien und Konditoreien sind Schilder anzubringen, die darauf hinweisen, dass Kuchen an Juden und Polen nicht verkauft wird. 14. 2. 1942«) Kaum jemand schaut hin. Wer hinschaut, wird daran erinnert, dass Juden keine Haustiere halten, keine Konzerte, Opern, Theater besuchen, nicht mehr heilen, nicht mehr Recht sprechen durften, dass sie aus dem normalen deutschen Leben ausgegrenzt wurden.

Ich gehe also jedes Mal, wenn ich mich aus meiner Wohnung bewege, an diesen Schildern vorbei. Im Unterschied zu den Passanten, die sich an die Tafeln gewöhnt haben, sie vielleicht gar nicht sehen oder nichts damit verbinden, werde ich jeden Tag erinnert, dass nur die Gnade der späten Geburt mich davor bewahrt hat, deportiert zu werden. Jeder Weg nach draußen wird durch diese gut gemeinten Tafeln zur Erinnerung an die Differenz.

Dazu sind sie ja da, diese Tafeln, »Orte des Erinnerns«. Sie wollen einen Eindruck vermitteln »von den Repressionen, denen die jüdischen Einwohner zwischen 1933 und 1943 ausgesetzt waren, von der allmählichen Zerstörung ihrer sozialen Existenz, die der physischen Vernichtung voranging. [...] Dem Betrachter sollen unbequeme Fragen nahe gelegt werden: Wie sind die nichtjüdischen Nachbarn seinerzeit mit alledem umgegangen, war es möglich, nichts zu bemerken von Berufsverboten, Enteignungen, dem gelben Stern an den Kleidungsstücken, der Kasernierung in ›Judenhäusern‹, den Deportationen? Wie hätte sich der heutige Beobachter damals verhalten? Wie verhält er sich gegenüber heutigen Anzeichen von Fremdenfeindlichkeit?« (Orte des Erinnerns [Bayerisches Viertel] – Wikipedia, die Begleitbroschüre ist nach langer Pause wieder lieferbar.)

Der langen Zitate kurzer Sinn: Jedes Mal wenn ich aus dem Haus gehe, muss ich zur Kenntnis nehmen, dass Meinesgleichen hier nicht erwünscht waren. Anfang der 1990er Jahre, als dieses Denkmal erst prämiert und dann montiert wurde, fand ich die Aktion gut, Denkmale waren noch nicht inflationär und dieses war unaufdringlich, sachlich und informativ. Damals wohnte ich noch nicht hier.

Wenn ich die Dokumentation richtig verstehe, sind nur 171 jüdische Einwohner dieses Bezirks am Leben geblieben, eine vernachlässigbare Größe. Die Schilder sind nicht für die Verfolgten und auch nicht für deren Nachkommen und nicht für Meinesgleichen gemacht.

Sie sollen die ... ja was denn nun? die Nachkommen der deutschen, der normalen, der arischen Einwohner erinnern? In einer der Erläuterungen wird betont, es sei für die meisten dieser später deportierten Bewohner zweitrangig oder unwichtig gewesen, dass sie Juden waren, manche waren getauft, andere atheistisch oder gar Kommunisten. Da sie aber nun unabhängig von ihrem Selbstverständnis als Juden eingestuft, vertrieben oder getötet wurden, sind sie auch jetzt und immerdar vor allem Juden. Und ich, als Tochter von Emigranten, die fliehen mussten, weil sie – obwohl ungläubig – für Nationalsozialisten Juden waren, werde jeden Tag daran erinnert, dass ich zu diesen Anderen gehöre.

Nun lebe ich nicht in den 1930er Jahren und sogar in einem neuen Jahrhundert und jeder, mit dem ich die Frage diskutiere, weist mich darauf hin, dass dieses Denkmal oder diese Form des Erinnerns auch von Ausländern (womit in diesem Fall weder Türken noch Araber, sondern Amerikaner oder Israelis gemeint sind), von definitionsmächtigen Historikern oder Vertretern einer jüdischen Institution für gut befunden wurde. Erinnere ich mich falsch? Offenbar gehe ich nicht so durch die Straßen, wie es diese Inszenierung intendiert.

Die Geschichte geht weiter, der Kontext hat sich verändert. Als feste unveränderliche Einrichtung hat sich die gute Absicht verkehrt – von einer Provokation zur Institution. Vor einiger Zeit standen Schulkinder, etwa zehn, zwölf Jahre alt, vor dem Supermarkt und fragten

Passanten, ob sie schon gesehen hätten, dass es da solche Tafeln gibt. Ob ich auch wüsste, was die bedeuten. Und was ich davon hielte. Ich habe, fürchte ich, die Kinder verwirrt. Nicht nur kannte ich die Tafeln und wusste sogar, was sie bedeuten, ich hab mich auch geoutet als Tochter von Verfolgten und dennoch das Unternehmen nicht gut gefunden ... ob meine Sicht aus der jüdischen Herkunft rührt, weiß ich nicht. Ich finde es mittlerweile nicht (mehr) schlimm, anders zu sein oder zu schauen oder Laternenpfähle bzw. Lichtmasten mit kritischem Blick zu betrachten. Aber ich finde, diese Tafeln stärken die Apartheid in den Köpfen.

Neulich war – anlässlich des Gedenkens an zwanzig Jahre Mauerfall – die Rede vom seelischen Zusammenwachsen der Deutschen hier und dort, östlich und westlich der Mauer. Ob eine solche Frage zwanzig Jahre nach der Niederlage-Befreiung-Siegüberdienazis gestellt wurde, gestellt hätte werden können? Könnte man heute vom seelischen Zusammenwachsen der einen (jüdischen) und anderen (arischen) Deutschen sprechen? Nein, und umso weniger, je mehr alle Verfolgungen, die Abschaffung der Demokratie, die Ermordung aller Gegner des Regimes, der gesamte politische, wirtschaftliche und kulturelle Krieg auf den unbegriffenen Begriff »Holocaust« reduziert wird – auf hie Deutsche, da Juden.

Deshalb finde ich diesen Ort des Erinnerns – mal abgesehen davon, dass die Tafeln inzwischen abblättern – nicht gut genug.

Sollte und könnte ich einfach wegschauen? Gibt es die Möglichkeit, mich der Diskussion zu entziehen? Und ist das überhaupt eine Diskussion oder doch, zunehmend mehr, ein Ritual? Geht mich das nichts an, weil ich mich an diesen Dingen nicht beteilige?

Wer kann und darf die Richtung(en) des Ge- und Nachdenkens bestimmen? Muss ich Holocaust-Historikerin oder Funktionärin in der jüdischen Gemeinde werden, um eine Stimme im Streit um die Formen der deutschen Verbewältigung zu haben? War Tucholsky, der auch hier in der Gegend gewohnt hat, Mitglied der jüdischen Gemeinde?

Vermutlich hat keiner daran gedacht, dass auch »Juden« an diesen Tafeln vorbeigehen – oder gehört es zu den ungeschriebenen Gesetzen, dass »wir« (wir?) für solche Erziehungsmaßnahmen ohnehin dankbar sind oder sein sollten?

Ich wollte weder Berufsjüdin noch Fachfrau für jüdische Themen werden und hatte die von heute aus betrachtet verquere Vorstellung, ich könnte hicr als normale Bürgerin leben. Anders als die Konvertitinnen und Konvertiten, die mittlerweile bei Juden Identität borgen, kann ich aus dem Verein nicht austreten, auch wenn ich eine ziemlich unjüdische Jüdin bin. Und meine Wahrnehmung ist gefärbt, weil ich ja all das nicht erfahre, was die Leute so miteinander reden, wenn sie Müller oder Bauer heißen und keine »Jüdin« zuhört. Auch sind die Jüngeren, die Dreißigährigen, schon anders, sie zucken nicht zusammen, wenn sie meinen Namen hören, ich finde es beglückend zu sehen, dass junge Leute mit der S-Bahn von Offenburg nach Straßburg, von Deutschland nach Frankreich fahren und das offenkundig nicht merk-würdig finden. Sie überschreiten die Grenzen, ohne an die Vergangenheit zu denken. Ist doch toll.

Wahrscheinlich hat meine Freundin recht, wenn sie meint, die Alternative zum reduzierten und eventisierten Gedenken sei kein (Ge)Denken. Es bleibt schwierig – für »uns«, wie für »sie« – das ist eine Gemeinsamkeit jenseits der Nürnberger Gesetze, die für meinen Geschmack zu wenig gepflegt wird. Ich kenne hier und da und auch dort Leute, die sich gern an Rituale lehnen, ich kenne Leute, die meist ganz schnell wissen, wo es langgeht und andere, die immer wieder von Neuem überlegen, wie sie – mit sich, mit den Eltern, mit diesem ihrem Land, mit den Juden und den Mohren – umgehen könnten.

Manchmal denke ich, es wäre schön, wenn ich einkaufen gehen könnte, ohne an meine ermordeten Großeltern erinnert zu werden. Da aber eine meiner Identitäten, sprich mein Pass, mich als Österreicherin ausweist, denke ich auch daran, dass ohne die mehr und weniger gelungenen Orte des Erinnerns vielleicht Deutschland nicht das einzige Land in Mitteleuropa wäre, das keine starke rassistische Partei im Parlament hat.

Schön wäre es, wenn solche Orte sich bewegen, verändern, weiterentwickeln könnten, weil oder sofern sich die Beziehungen zwischen den einen und den anderen, die Namen dafür und die Zugehörigkeiten verändern. So aber ist dieses Denkmal ein Zeichen dafür, dass sich die Beziehung nicht verändert, eher zementiert und ein bisschen Rost angesetzt hat.

Whodunnit

Meine einst große Liebe ist gestorben. Er hatte eine dieser Krankheiten, die langsam durch den Körper schleichen, erst die Hände, dann verschiedene Organe und zuletzt die Atemmuskulatur gelähmt haben. Freitag war die Beerdigung. Das Ritual hat mich befremdet, es hat nicht zu dem Mann gepasst, den ich gekannt habe. Die Orgel spielte, es wurde gebetet und mitgesungen. Als wir uns kennenlernten war er ir- oder sogar antireligiös. Während einige, nicht alle, mitbeteten, dachte ich an meine erste Einladung bei seiner Familie: Man saß zu Tisch, plauderte, ich quatschte wohl so vor mich hin und brauchte eine Weile, bis ich seinen Fußtritt unterm Tisch und die gefalteten Hände überm Tisch richtig deuten konnte. Die Familie wollte vor dem Essen beten. Ich kannte das nicht. Er hat sich damals nicht für mich und eher für die Familie geschämt. Aber seither sind 35 Jahre vergangen, vermutlich hat er sich verändert oder von den heidnischen Göttern verabschiedet, als er sterbenskrank wurde.

Die Rede des Pfarrers hätte ihm auch in seinen agnostischen Zeiten gefallen, sie war lebendig, voller

Fragezeichen und ungeheuchelt innig. Wie Worte gesetzt werden und welcher Unterton sie trägt, war immer wichtig für ihn. Schließlich war er jahrelang Theaterkritiker und selbst ein begnadeter (ja) Schreiber. Immer wollte er den Intellekt mit den Sinnen verbunden wissen, der Körper im Kopf war eines seiner Themen; es hat mich amüsiert und fasziniert, dass ihm – damals vor 35 Jahren – beim Denken Schweißperlen übers Gesicht liefen. Das ist alles lange her, Theaterkritiken schrieb er schon lange nicht mehr, den Versuch, hinaus in die Welt zu gehen, gab er nach ersten Misserfolgen auf, er richtete sich ein in der schwäbischen Heimat, die magnetische Kräfte zu haben scheint.

In den Trauerreden war viel von seinen frühen Forschungen über Landjuden, den Bemühungen um das Gedenken an Juden und die Rekonstruktion der Synagogen die Rede. Sein Lehrer und Freund erwähnte seine Reise nach Auschwitz, die er, schon im Rollstuhl und sekündlich auf Hilfe angewiesen, kurz vor seinem Tod gemacht hatte. Er sagte: »Ich wage es, von einem Glücksfall zu sprechen.« Das stieß mir und stieß auch meiner katholischen Freundin auf und ich habe später gefragt, wie das gemeint war, ob das eine Art Pilgerreise war. Ja, eine verkehrte Pilgerreise. War es eine Krönung seiner vielen Bemühungen um Aussöhnung? Hinterher bei dem pietistisch kargen Leichenschmaus mit Brezeln und Hefezopf wurden Fotos gezeigt, der Verstorbene in Birkenau und Auschwitz, im Rollstuhl, mit Gattin, mit Freunden, im jüdischen Viertel von

Krakau, bei der Landesgartenschau Oranienburg und im Konzentrationslager Sachsenhausen.

Woran ist er gestorben? Was hat diesen klugen, hübschen, wachen Burschen vor der Zeit fertiggemacht? Parkinson ist eine unheilbare Krankheit und ich will den Medizinern nicht ins Handwerk pfuschen; auch nicht den Psychoanalytikern, die er konsultierte, zumal seine Gattin dieses Gewerbe ausübt. Bei aller Skepsis gegenüber Küchenpsychologie würde er, der Volkskundler, der Wörter, den Blick, Familienordnungen, Gedächtnis und noch den Schlaf untersucht hat, doch zustimmen, dass Krankheit – auch – ein Ausdruck von Konflikten sein kann.

In seiner Bibliographie, die dankbare Schüler zusammengestellt haben, finde ich ein Seminar mit dem Titel: »Das Recht der kleinen Leute auf wissenschaftliches Verstandenwerden.« Seit es Dichtung und Chroniken gibt, hat man sich bemüht, große Leute, Könige oder Philosophen zu verstehen. Bauern und Arbeiter, Fremde und Außenseiter wurden erst viel später und nicht zuletzt dank der Bemühungen jenes Instituts, an dessen rituellen Spaghetti-Essen er bis zuletzt teilgenommen hat, recht gut erforscht. Wie lässt sich der allmähliche Tod des Mittelgroßen verstehen? Deutscher Professor, 1941, mitten im Krieg geboren, in der schwäbischen Provinz ohne Vater aufgewachsen (er ist »gefallen« – im Englischen heißt das »killed in action«).

Er blieb an dem Institut, dessen Kronprinz er viele Jahre lang war, er kämpfte um die Erinnerung an Synagogen und jüdisches Leben und nicht um Posten und Ehren. Und dann wurde er sehr krank.

Gestorben ist er an Parkinson. Man sagte mir, an dieser Krankheit stirbt man nicht, er ist also an der allmählichen Lähmung seiner Muskeln gestorben. Die Beine, die Sehnen, die Stimmbänder, Muskeln, die der Mensch zum Schlucken braucht, alles versagte nach und nach, er saß dann im Rollstuhl und konnte nur noch sehr leise sprechen.

Welchen Anteil an der Erkrankung haben die typischen und vielleicht auch die untypischen Identitätskonflikte dieses Anfang der vierziger Jahre geborenen Soldatensohnes? Was hat die deutsche Vergangenheit und der Widerstreit seiner sinnlichen und intellektuellen Ambitionen mit der Krankheit zu tun?

Er hat seine Themen immer aus dem Leben, mit Vorliebe aus dem eigenen gegriffen: »Erinnern«, »Kriegsbilder«, »Idylle und Terror«. Einer seiner Aufsätze heißt: »Nagold, das Allgegenwärtige«. In Nagold war er geboren, aus Nagold kam sein Vater, in dieser schwäbischen Stadt hatte er eine Brücke gebaut ... oder zumindest daran mitgearbeitet. »Fast nichts mehr ist erste Natur« lautet ein anderer Titel. Auch so ein Tod ist nicht, jedenfalls nicht nur, Natur.

In der Reise nach Auschwitz kurz vor dem Tod steckt so viel gebrochenes deutsches Leben, dass ich dieser Spur folgen muss, zumal sie von einem ethnologisch Forschenden gelegt wurde. Der Redner hat den Verstorbenen, sein Interesse an nationalsozialistischer

»Heimatkunde«, am jüdischen, ausgelöschten Leben und an der Aufbewahrung von Erinnerung sehr gut gekannt. Von ihm stammt der Ausdruck »die Mythen denken uns«. Die Spurensuche nach solchen Unterströmen gehört zu dem Fach, das dort in Tübingen aus der nationalistisch kontaminierten Volkskunde in eine moderne Sozialgeschichte verwandelt wurde. Es gibt nur wenige akademische Fächer, die sich so sehr (und so früh) wie die ehemalige deutsche Volkskunde um die »Aufarbeitung« ihres Faches bemüht haben. Die Empirische Kulturwissenschaft hat viel Kraft auf die Reflexion der nationalsozialistischen Kapseln verwandt, die deutsche Volkskunde für Rassismus und Legitimation der deutschen Herrenmenschen dienstbar machten.

Gegen welche Mythen, welche Geschichte(n) war der Freund nicht immun? War er durch seine Erbschaft zu dieser Krankheit disponiert? Haben die schwäbischen Wurzeln mit der Lähmung zu tun? Wurzelt der Konflikt, der ihn gelähmt hat, in der Beziehung zu einer Mutter, die Kriegerwitwe war und, wie so viele Kriegerwitwen, sehr jung war, als sie mit zwei kleinen Buben zurückblieb? Sie hat ihre Söhne, gerade den Jüngeren, abgöttisch geliebt. Später hat sie durch diese Söhne gelernt, dass ihr Mann für ein verbrecherisches Regime »gefallen« ist, dass er »umsonst und auf der falschen Seite gekämpft« hat – um eine Formulierung des Verstorbenen zu nutzen.

Als ich ihn vor einem Jahr besuchte, ging es ihm sehr schlecht, er musste aufs Clo begleitet, gefüttert und ständig beaufsichtigt werden und klagte darüber. Sprechen war schwierig, weil ich ihn nicht verstand, die knapp bemessene Besuchszeit wurde durch den mühsamen Gang mit einer Helferin zur Toilette verkürzt. Im Zug, auf der Fahrt zurück nach Berlin, ging mir das Bild durch den Kopf: Er ist ein Vogel, der nicht fliegen kann. Da steckt wohl einiges von meiner Phantasie darin, ich sehe ihn immer noch als Mittdreißiger, in Tübingen ein Dorfstar, wie ich das nannte, aber auf dem Sprung. Damals wollte er, sagte er, aus der Enge der Heimat heraus. Er ist geblieben, hat eine Schwäbin geheiratet und wohnte in der Neckarhalde, so ungefähr die bodenständigste Adresse, die man in dieser hübschen, heilen Universitätsstadt haben kann.

Sein Tod geht mir, auch wenn unsere gemeinsame Zeit lange zurückliegt, sehr nahe. Ich konnte nicht verhindern, dass mir bei all den Reden über seine Liebe zu, sein Interesse an, seine Arbeit für Juden durch den Kopf schoss »seine jüdische Freundin hat er nicht ertragen«. Das ist ein Gedanke, den ich damals, als ich aus der gemeinsamen Wohnung auszog, nicht dachte und wohl auch nicht hätte denken können. Erst später kam mir die Idee, dass ich für ihn auch die Jüdin gewesen sein könnte – und wenn nicht ich, dann meine Mutter, mit der er noch lange korrespondiert hat, die geschichtsbedingt viel jüdischer war als ich, verfolgt, vertrieben und leidend. Im Nachhinein dünkt mich, ich war – relativ zu den Landessitten und der normalen Bevölkerung der Kleinstadt – sehr unstet, zu kritisch und auch keine gute Hausfrau. Seine Kinder aus erster

Ehe, damals Zwerge, erinnerten sich anlässlich des Wiedersehens bei der Trauerfeier an unser Bohèmeleben und sie erinnerten mich an die unordentliche Wohnung und das Entsetzen der Großmutter darüber. BHs seien auf der Kommode gelegen! Es sind Wahrnehmungen aus einem andren Jahrhundert. Seine Kinder hatten, das fiel mir und meinen Verwandten damals schon auf, jüdische Namen – lange bevor deutsche Kinder besonders gern nach Figuren aus dem alten Testament benannt wurden.

Unruhe, Intellektualität, Weltläufigkeit, man nennt es, inzwischen – romantisch verklärt, positiv konnotiert, gelegentlich mit Neid gemischt – wieder jüdisch, man hat es vor dem Holocaust jüdisch genannt, wir haben das in den siebziger Jahren nicht so genannt. Selbstverständlich wollte man – damals – als junger Mensch hinaus in die große weite Welt, selbstverständlich hat man diskutiert und alles hin- und hergedreht, ob deutsch, französisch, christlich oder zionistisch, das hat, meint meine verfälschende Erinnerung, nicht den Unterschied ausgemacht.

Wir unterschieden zwischen Spießern und uns, zwischen Rechten und Linken, wachen und versteinerten, kritischen und angepassten Leuten. Erst jetzt rollt sich aus den hintersten Ecken meines Gedächtnisses die Bemerkung hervor, sehr vorsichtig, belächelt, von sich gewiesen – eine Verbindung mit mir könnte seiner Karriere schaden. Aber auch das hatte damals eher mit meinen linken Sperenzchen und nicht mit der jüdischen Herkunft zu tun!

Wir haben uns geliebt und konnten wie eben Königskinder nicht zusammenkommen, aus vielerlei Gründen. Die Gemeinsamkeiten waren und blieben stärker als das Trennende. Wie wunderbar einfach und schön wäre es, wollte man das komplizierte Missverstehen auf einen oder zwei Begriffe bringen: Jüdin. Deutscher (wiewohl es ja als Äquivalent eher Arier heißen müsste).

Er war einer jener jungen Deutschen, die bei der Reise durch Frankreich Englisch (mit schwäbischem Akzent) gesprochen haben, weil er sich schämte, deutsch zu sein, nicht als Deutscher erkannt werden wollte. Er wollte weg aus der Provinz, dem Schwabenland, das seine Bewohner offenbar an Wurzeln festhält (etwas, das ich nicht nachvollziehen konnte). Ich fand in meinem Kram einen Packen Briefe, der beim Aufräumen der Wohnung meines Vaters nach dessen Tod in meine Hände fiel. Briefe, in denen ich mit meinen Eltern über potenzielle Wohn- und Arbeitsmöglichkeiten für ihn in Berlin, Paris, Warschau und Wien korrespondierte. Nicht mehr in meinem Gedächtnis war, mit welcher Selbstverständlichkeit ich damals meine Eltern nach möglichen Connections fragte. »Natürlich« hatten sie Bekannte in Polen, Frankreich, England, Israel, nein, in Deutschland nicht. In »normalen« Familien war das eher ungewöhnlich.

Über dreißig Jahre nach dieser Liebesgeschichte kann ich mich nicht vor den verfälschenden Erinnerungen schützen – ich glaube, ich bin überzeugt, ich vermute, dass ich erst heute fragen kann, ob ich damals für ihn die Jüdin und als solche die weite Welt, eine Stütze beim Aufbruch und womöglich auch ein bisserl Befreiung von der belastenden deutschen Geschichte gewesen sein könnte. Schon habe ich mich wieder in einer dieser Metaphern verfangen, die wie eine Roulettekugel durch die jüngere Vergangenheit kreiseln: Die Luftmenschen und die Bodenmenschen. Sie ist nicht ganz abwegig. Er wollte fliegen? Ich wollte ein paar Zentimeter Boden unter die Füße bekommen.

1977 wohnten wir in Rottenburg, der katholischen Klein- und Bischofsstadt gleich neben der protestantischen Universitätsstadt Tübingen. Für ihn war es ein Ort mit viel Folklore und ein wenig Abstand zur vorigen Familie. Ich erlebte zum ersten Mal deutsche Provinz. Nachts brüllten Besoffene manchmal Heil Hitler. Es hätte wenig Sinn gemacht, die Polizei zu rufen – im deutschen Herbst. Wir, nicht diese Männer um die sechzig, waren verdächtig: weil wir alte Autos fuhren, keine Vorhänge hatten und im Flur nicht Licht machten. Die Bevölkerung war aufgerufen, derlei Kennzeichen potenzieller Terroristen zu melden. Es waren erst 32 Jahre nach dem Krieg.

Durch ihn und mit ihm bin ich in Wohnungen gekommen, in denen wunderschöne alte Truhen standen. Vom Großvater und Urgroßvater ererbt, wie ich auf Nachfrage erfuhr. Geschult durch seinen ethnographischen Blick dachte ich erstmals darüber nach, weshalb es Erbstücke in unserer Familie nicht gab. Meine Mutter ist mit einem kleinen Köfferchen und mein Vater mit einem Rucksack »ausgereist«. Mir ist damals bewusst geworden, dass es diese Art von Erbe in unserer Familie nicht gibt, und ich weiß auch, warum. Von und mit diesem Freund habe ich gelernt, auf die feinen Unterschiede zu achten, auf die schönen alten Ringe an den Händen von Freundinnen, die mir erzählen können, welcher von der Großmutter, der Urgroßmutter oder Großtante stammt. Na und, höre ich meine proletarischen, ausgebombten, sudetendeutschen oder banatschwäbischen Freundinnen sagen. Ja, so entstehen in Kombination mit den Erzählungen über Zugehörigkeiten und Abgrenzungen Identitäten, wenn ich die modernisierte Volkskunde richtig verstanden habe.

Vor dreißig Jahren habe ich nicht nach deutschen oder jüdischen Eigenschaften gefragt, wir waren mit der gemeinsamen, unterschiedlich begründeten Nicht-Identität beschäftigt. Die Unzugehörigkeit und die Lust daran hatte uns spannungsreich neurotisch verbunden – ihn, den schuldgefühligen Deutschen und mich, die unjüdische Jüdin. Er konnte an seine deutsche Geschichte nicht anknüpfen, weil Mord und Brutalität seiner Landsleute dagegensprachen, und ich habe die heute so geläufigen, wieder geläufigen Klischees von der wurzellosen unsteten Jüdin nicht akzeptiert, weil mir diese Zuschreibungen zu eng waren. Wir haben geübt, mit der Unzugehörigkeit umzugehen. Kurze Zeit. Er hat dann seinen Platz gefunden und es war der, den er immer schon hatte. Vielleicht war er zu eng.

Als er jung und gesund und noch auf der Suche war, hat er die Freiheit unter anderem in erotischen Abenteuern gesucht, aber er war kein Don Juan; er hat sich geschämt, und wenn er heimkam, geduckt, als würde er erwarten, dass ich mit dem Nudelwalker hinter der Tür stehe. Er hat sich geduckt – und hat die Tendenz zum Ducken immer bekämpft, zumindest intellektuell. Er hat versucht, für seine Überzeugungen geradezustehen, den Mund aufzumachen. Ich hab dieses Ducken gehasst – wenn er, triebgesteuert, immer wieder und wider bessere Vorsätze mit diversen Frauen, auch seinen Studentinnen, ins Bett ging, sich dafür schämte und mit eingezogenen Schultern heimkam. Er tat es, aber er mochte nicht dazu stehen. Ob das auch zu dem Thema gehört?

Sein Freund und Lehrer sprach in der Trauerrede von einer Zwischenzeit, einer Zeit des Suchens und Probierens zwischen der ersten und zweiten Ehe. Ich war die Zwischenzeit. Die zweite Ehefrau, schwäbisch, ordentlich und bodenständig, hat seine Seitensprünge akzeptiert, sich hingebungsvoll um ihn gekümmert und ihn ins Zentrum ihres Lebens gestellt. Bei dieser Ablöse wären wir, wäre zumindest ich nicht auf die Idee gekommen, das Schwanken des nymphomanen Mannes zwischen zwei sehr unterschiedlichen Frauentypen nach deutsch und jüdisch zu sortieren. Vielleicht war ich zu unabhängig oder zu kritisch, der Wechsel ließ auf bestimmte Vorstellungen von Weiblichkeit und Hingabe schließen, aber um Himmels Willen doch nicht auf eine Entscheidung zwischen einer Schwäbin und einer Jüdin. Erst als ich ein Jahr vor seinem Tod hinter dem Gesicht des sabbernden Kranken den Vogel sah, der nicht fliegen konnte, machte sich auf der langen Rückfahrt von Tübingen nach Berlin in meinem Hirn die Idee breit, die Zeit mit mir könnte sein Flugversuch gewesen sein. Er wollte abheben, aber es ging nicht. Hat die Spannung zwischen Abheben und Verwurzelung das Zittern verursacht, das sich Parkinson nennt? Hat die Anstrengung, mit der er versuchte, seiner Geschichte, dem Schwäbischen, dem Deutschen, der Ehe und der Volkskunde doch zu entkommen, das Zittern befördert? Das sind müßige Gedanken, die sich an den Wunsch knüpfen, seine Krankheit und die Krankheit dieser Generation samt den Weberschiffchen, die zwischen der Geschichte und den Individuen hin- und hersausen, zu verstehen.

PS: Das Wort Identität, auch das hab ich an seinem Institut gelernt, leitet sich von dem Ausweis her, der die Zugehörigkeit zu einer Gemeinschaft und einem Ort dokumentiert. Seine wäre deutsch und meine wäre nach den Maßstäben des heutigen Diskurses jüdisch. Die Brücke bestünde aus Mahnmalen, leeren Synagogen, Pilgerfahrten und, eng damit zusammenhängend, Trotz bei Deutschen, die endlich wieder stolz und selbstbewusst sein wollen. Es wäre nicht nur unsere Liebe gescheitert, wie Tausende Lieben scheitern, sondern auch der Versuch, neue Identitäten jenseits der national-religiös-rassischen Zugehörigkeiten zu kreieren. Und deshalb mag ich diese Identitätsdiskurse nicht. Und wenn schon: Ich bin Jüdin, Österreicherin, Engländerin, Historikerin, Soziologin, Kulturwissenschaftlerin, Journalistin, Autorin, Mutter, Schönebergerin, Frau natürlich (!), je nach Situation zu zehn, zwanzig, fünfzig Prozent; die Relationen ändern sich von Tag zu Tag. Schön wäre es, ich könnte die Entscheidung darüber, wer ich bin, selbst treffen.

Verehrter Heinrich Heine, nach dieser und nach jeder weiteren gescheiterten Liebesgeschichte habe ich Zuflucht bei einem Ihrer Gedichte aus dem Buch der Lieder gefunden:

Wer zum ersten Male liebt,
Seis auch glücklos, ist ein Gott;
Aber wer zum zweiten Male
Glücklos liebt, der ist ein Narr.

Ich, ein solcher Narr, ich liebe
Wieder ohne Gegenliebe!
Sonne, Mond und Sterne lachen,
Und ich lache mit – und sterbe.

Aber der Trost steckt mir im Halse fest, seit ich den literaturwissenschaftlich gestützten Hinweis kenne, dieser Liebeslyrik liege, verschlüsselt, ein jüdischer Subtext zugrunde. Der abgewiesene Liebhaber korrespondiere, wurde bei einem Heine-Symposium, wo? In Jerusalem! vorgetragen, mit der Ächtung als Jude.* Verschlüsselt verberge sich dahinter die alte Geschichte: Seit jeher liebt man die Juden nicht. Sie haben recht gehabt, was immer Sie tun, Sie bleiben der Jude.

Jüdischer Subtext! Man möchte mit Ihnen antworten: »*Und ach! ich hätte es unter diesen Leuten so gut gehabt! Sie würden mich, wenn ich umkehren wollte, noch immer mit offnen Armen empfangen. Sie würden mir an den Augen absehen, was sie mir nur irgend Liebes erweisen könnten. Sie würden mich alle Tage zu Tische laden und des Abends mitnehmen in ihre Teegesellschaften und Klubs …*«*

Die Klubs und Teegesellschaften, denen ich mich heute andienen müsste, wären allerdings nicht mehr jüdisch, dort interessiert man sich kaum für solch überchochmetzte Debatten. Aber ich könnte es so gut gehabt haben in den Instituten, Salons und Vereinen, die sich mit jüdischen Namen schmücken, jüdische Subtexte finden, die Jüdisches lieben und definieren – wenn ich umkehren und nach ihren Regeln jüdisch werden wollte. Welch hübsche Idee, die gescheiterten Liebesgeschichten, unbehaust, ohne männlichen Schutz als meinen jüdischen Subtext zu interpretieren!

Narrologien

*» ... und bei ebendiesem Versuch, den eigenen Zerfall zu ergründen, entdeckte das Mittelalter jene sozialen Randexistenzen, die bisher kaum beachtet worden waren: die Narren.«**

Lieber Freund,
Du bist an meinen Narrenrecherchen interessiert? Wie schön, ich erzähle Dir vorerst, welche Narren ich meine. Da Du ein Büchernarr bist, darf ich auch ab und zu zitieren? Dich werden, vermute ich, besonders die älteren Quellen aus jener Zeit interessieren, in der die Narren noch eine wichtige Rolle spielten, das sind vor allem Bilder. Die schönsten Bilder und die – für mich – interessantesten Geschichten stammen aus der Zeit um 1500, einer Zeit des Umbruchs, der neuen Ideen und damit verbunden der Verunsicherung und Zukunftsangst. Besonders angetan haben es mir die Goliarden, von denen J. Le Goff erzählt; Wanderkleriker, die man Taugenichtse, Liederjane oder auch Narren schimpfte. Le Goff aber nennt sie Intellektuelle und erzählt Geschichten über sie, die bis ins 12. Jahrhundert zurückgehen. Seit ich mich intensiver mit (historischen) Narren beschäftige, fällt mir auf, dass jeder Gelehrte, der von ihnen spricht, für sein Jahrhundert beansprucht, es sei eine Zeit des Umbruchs und der sich auflösenden Ordnung gewesen.

Ich hab den verwegenen Gedanken, dass die Blütezeit der Narren und die großen Umbrüche mit den

Orientierungsschwierigkeiten in chaotischen Zeiten zusammenhängen, wenn das Volk oder gar ein Volk nicht weiß, wo sein Platz ist. Neulich fand ich heraus, dass eben jene Blütezeit der Narren um 1500 »für Juden in Europa einschneidende Veränderungen zum Schlechteren« brachte, »weil sie aus vielen Ländern auf ewige Zeiten vertrieben wurden«.* Wenn ich die Wahl hätte, zöge ich selbstverständlich die Narrenrolle vor. Schwierigkeiten habe ich mit jenen Narren, die in den jüngeren Formen des Karnevals innerhalb einer strengen Ordnung ihr bis ins Detail reglementiertes Massengewerbe betreiben, wenn sie en bloc heiter sind. Narren galten als scham- und verantwortungslos, triebgesteuert und frei von Normen, und diese Beschreibungen provozieren die Frage: Was passiert, wenn der Narr zum Mainstream wird? Falls Du jetzt glaubst, dass mein Interesse an dieser Figur mit der grassierenden Identitätssucherei zu tun hat, vermutest Du richtig.

Es ist ja immer gefährlich, historisches Material auf ganz andere Umstände zu übertragen. Mich interessieren zwar die historischen Narren, daneben aber interessiert mich das Bild, die Metapher, der Rest einer Idee, die ins Heute hineinragen. Zu den Eigenschaften, die ihn für meine Recherchen interessant machen, gehört, dass er hässlich, sinnlich, unvernünftig, boshaft und weise ist – beziehungsweise als hässlich, unvernünftig, weise usw. gilt; auch als eigensinnig, erratisch und nicht berechenbar. So ein weiser, witziger, respektloser Narr verspottet weltliche wie geistige Autoritäten, irritiert das gesellschaftliche Gefüge und ist oft auch ein Wortverdreher. Wie Du als Shakespeare-Leser weißt, öffnet er dem Herrscher mit absurden Sprüchen und rätselhaften Witzen die Augen oder streut brockenweise Lebensklugheiten aus. Wenn er ein echter Narr ist, will er nicht recht haben, er hält dem König oder auch dem Volk einen Spiegel vor und feixt, wenn die sich darin erkennen. Der Narr ist nicht niedlich, und sieht man von der neueren Fastnachtsnarretei ab, nicht harmlos. Narr sein war eine sehr ernsthafte Angelegenheit. Im Glücksfall wird er zum Mittler zwischen Hof und Volk, denn er spricht die Sprache des Volkes, kann und darf dem Herrscher erzählen, was das Volk denkt, dem Volk, was der König tut und will. Ein Kommunikator auf lebensgefährlichem Terrain.

Kinder und Narren, heißt es im Kommentar zu einem Holzschnitt aus dem 16. Jahrhundert, stehen außerhalb der Ständetreppe. »Ihnen fehlt die Einsicht in das Ordnungsgefüge der Welt.« Sie leben aus, was andere nicht dürfen, verkörpern menschliche Fehler und Schwächen und verführen zur Sünde. Innerhalb des mittelalterlichen Weltbilds war die Unvernunft des Narren ein Beweis, dass er der Gnade Gottes nicht teilhaftig war. Das gab ihm Freiheiten, die andere nicht hatten, war aber auch lebensgefährlich – er konnte schnell einen Kopf kürzer gemacht werden. Narren galten, wie Juden, als Bedrohung der mittelalterlichen christlichen Weltanschauung – wie alles, was nicht den herrschenden Normen entsprach. Zu den Charakterisierungen des mittelalterlichen Narren gehört, dass er

Normen verletzt, seinen Trieben folgt, wenig eigenen Willen hat, »... denn auf Seiten des Verstandes fehlet es ihm an der Beurtheilungs-Krafft, dass er nicht unterscheiden kann, was gut oder böse, klug oder thöricht sey«. Er folgt, so fasst es Zedler in seinem Lexikon zusammen, den »verderblichen Neygungen ... Ehrgeitz, Geldgeitz und Wollust«*. Er eignet sich, wie Du siehst, nicht als Modell oder gar als Vorbild, ist vielseitig verwendbar und für vieles verwendet worden.

In der Antike hat der Narr (oder einer seiner Verwandten) den siegreichen Feldherren verarscht, damit dem sein Ruhm nicht zu sehr zu Kopf steigt. Schon damals wurde der bezahlte Possenreißer manchmal durch einen Philosophen ersetzt.* Im 5. Jahrhundert christlicher Zeitrechnung gab es Narrenfeste, die durch Chaos und kollektive Hysterie den Bischöfen Furcht einflößten, Bacchanale, an denen vor allem der niedere Klerus teilnahm (wahrscheinlich als Fortführung antiker Feste, der römischen Saturnalien). Die Schellenkappe soll eine Abwandlung der Mitra sein, sie wird aber auch als Hahnenkamm mit Eselsohren gedeutet. Bei den Narrenfesten wurde geflucht, gesoffen und gehurt und ein Narrenbischof oder gar Narrenpapst gewählt. Die kirchliche Obrigkeit bemühte sich Jahrhunderte lang, diese Ausschweifungen zu verbieten, das misslang ihr weitgehend. Nachhaltig wirksam blieb, dass Narren in Predigten und Tugendbüchern zum Objekt für die Unterscheidung von gut und böse, richtig und falsch, tugendhaft und gottesfürchtig wurden; an ihrem Beispiel hat man moralische Regeln diskutiert und definiert*. Es hat lange gedauert, bis das gotteslästerliche Treiben eingezäunt, auf bestimmte Tage und Tätigkeiten festgelegt werden konnte.

Wie die Juden und die Dirnen mussten Narren – es waren nur selten Närrinnen, aber auch die gab es – bunte, auffallende Kleider tragen, sie standen sozial und als Vergnügen stiftende Objekte der Oberschicht den Zwergen, Krüppeln oder geistig Behinderten nahe. Missgeburten, Verkrüppelte, Schwachsinnige, Kleinwüchsige oder Menschen mit zwei Köpfen wurden oft zu Narren gemacht, weil sie schon durch ihr abweichendes Äußeres »anders« waren. Sie dienten als warnendes Beispiel und der Herrscher erkannte die Gnade Gottes, wenn er eine Missgeburt neben sich sah. Das negative Beispiel macht bekanntlich schöner und klüger.

Verderbliche Neigungen wurden und werden gern Außenseitern angedichtet. Sie nehmen diese Rolle, manchmal erzwungen, manchmal freiwillig an, wenn das Spotten und Entblößen sie ernährt. Gegen Ende des 15. Jahrhunderts gelten alle sozial Verachteten als Narren; um 1500 wird der Narr dann hochmodern, er ist der Normverletzer. Am Rande der jeweiligen Ordnungen spazierend verkörpert er ein anderes System, in dem auch die Idee der Gleichheit von Herren und Knechten steckt. Kulturhistoriker bezeichnen ihn als einen »in Rationalität umgewandelten Teufel« und erklären, dass Sinnlichkeit, Unvernunft und Ich-Sucht der Narren die Abgrenzung vom Teufel schwer mache*. Sebastian Brant nannte »All die vom glouben sint gescheyden« Narren; dazu gehören »Saracenen, Türcken, Heyden« und selbstverständlich Juden, aber auch Selbstmörder, Zuhälter, Huren – Gestalten, die in der christlichen Tugendlehre keine Chance haben, weise zu werden*. In anderen Texten aus der Zeit wird der Narr vor allem originell und respektlos dargestellt. So oder so gehört zu dem Bild, dass er den allgemeinen Konsens verweigert, soweit er sich überhaupt in einer allgemeinen Charakteristik fassen lässt, ist er zwar ein Gegen-Bild, aber nicht fremd, zwar Außenseiter, aber doch Teil der Gemeinschaft.

Mit Narren und Narretei verbunden ist auch die Idee der reinigenden Wirkung von Ausschweifungen; der Narr ist ein von den normalen Regeln unabhängiger Beobachter und: Narren sind immer allein. Auf alten Bildern sieht man den Narren in sich versunken, im Zwiegespräch mit seinem Narrenstab, der – einem Szepter nachgemacht – sein hölzernes Ebenbild vorstellt. Er sei auf sich selbst verwiesen, unfähig, Kontakt zu seiner Umwelt aufzubauen. Im Laufe der Neuzeit differenziert sich die Idee vom Narren, der Hofnarr wird Unterhalter und Vertrauter des Königs, immer noch eine Kontrastfigur, oft in Samt und Seide gehüllt. Narren wurden wie Objekte (und wie Juden*) manchmal verschenkt, sie wurden abgeworben oder verkauft; die überlieferten Rechnungen von Schneidern und Handwerkern belegen allerlei Prunk, es gab Narren, die Ländereien bekamen und wie Gutsbesitzer oder Verwalter herrschen konnten – solange es dem König gefiel. An manchen Höfen wurden Hofpoeten und Zeremonienmeister mit dem Lustigmacher auf eine Ebene gestellt, Dichter und Gelehrte waren oft zugleich Possenreißer.

Noch Ende des 17. Jahrhunderts gab es Planstellen für Narren, das Amt wurde dann auch an Adelige vergeben, womit die Idee an ihr Ende gekommen ist.* Im Laufe des 18. Jahrhunderts verschwindet der Hofnarr; im 19. Jahrhundert bekommen dann Narren beim Karneval eine neue Funktion, die närrischen Tage sind ein letztes Exil der Revolte, für ein paar Tage werden Regeln verletzt.

Die Narrenrolle hat, wie Du siehst, viele Facetten, es ist schwer, den Narren von seinen Verwandten abzugrenzen – Clown, Harlekin, Till Eulenspiegel, Schalk, Schelm, Schlemihl, Kaspar und Witzbold, Tölpel und Possenreisser, vom wohlgelittenen Unterhalter auf der Bühne und allen Außenseitern, die wie der Narr in unserer (und z.B. nicht der orientalischen) Kultur, verachtet wurden. Im Tarot, habe ich neulich gehört, ist der Narr einer, der sich dem freien Fall überlässt.

Die Hofnarren verloren (zusammen mit den Hofpredigern) ihre Stellung und ihren Einfluss in Frankreich mit Ludwig XIV. (er strich die Stelle 1661), in Preußen war es Friedrich II., der 1744 den Posten abschaffte. Maria Theresia hob das privilegierte Narrentum mit dem Kommentar auf, ihr Hofadel benehme sich närrisch genug, wenngleich nicht witzig.* Für aufgeklärte Individuen war die andere Welt nicht mehr im Himmel oder im Jenseits und nicht mehr in der Hölle. Seither findet man in den Charakterisierungen des Narren und den Selbstcharakterisierungen der Intellektuellen viele Ähnlichkeiten. Kritiker, Künstler, Andersgläubige, Oppositionelle, Dissidenten und sonstige Außenseiter übernahmen einen Teil seiner Aufgaben, aber auch das ist jetzt vorbei.

Zu den berühmten Narren, deren traurige Geschichte überliefert wurden, gehören der geheime Finanzrat Joseph Süß (eigentlich Joseph Ben Issachar Süßkind) Oppenheimer und der Jurist und Historiker Jacob Paul von Gundling. Nur aus persönlichen Erzählungen kenne ich den deutschen Professor mit jüdischen Ahnen, der närrisch genug war, um im New Yorker Exil zu überleben. Er brachte an seiner Tür das Schild »Ejzegeber«* an und überstand damit – wenn auch schlecht – die Herrenmenschenjahre.

»Fürst und Narr gehör(t)en zusammen wie die Brennpunkte einer Ellipse«*. Ordnung, wird damit gesagt, braucht ihre Gegenordnung. Possenreißer, anstößige Deppen und Verfemte spielen für das Funktionieren der Gesellschaft offenkundig eine wichtige Rolle. Wie aber sieht eine Welt aus, in der es diese Kontrastfiguren nicht mehr gibt, wenn alles einer globalen Ordnung unterworfen wird oder wenn es nur noch Narren gibt – bunt, triebhaft, ohne Verantwortung für jenes Ganze, das mal Gesellschaft, mal Welt und ein andermal Gott hieß? Wesentlich, um bei diesem altmodischen Terminus noch eine Weile zu bleiben, scheint mir die Idee, dass der Narr zugleich Gegenbild und

Teil des Systems war, stabilisierender Teil eines Systems, vom Teufel eventuell besessen, aber kein Verdammter, nicht böse, eher reparierend, aber nicht das, was wir APO-Omas affirmativ nannten. Er hatte etwas Widerständiges, das die Welt größer und vielschichtiger machte. Geht es nicht immer noch um ein Austarieren von Ordnung und Gegenordnung, um das Konzert verschiedener Ideen, ohne das auch die beste aller Welten totalitär wird?

Der Raum für Narren ist eng geworden. Es gibt zwar Hofnarren und Pausenclowns, solche, die professionell schimpfen, und solche, die sich selbst lächerlich machen, Berufsnarren und Schmuckstücke ... aber mir scheint, dass der Platz des lästigen und doch segensreichen Gegenübers, anders und doch nicht fremd, der Platz für Narren, deren Scherze über Selbstdarstellung hinausgingen, verwaist ist. Mir fehlen nicht die alten Werte, mir fehlt die Weisheit von Narren, die balancierend durch die Welt gehen, und mir fehlt das Lachen, das über die Furcht siegt. Wenn wir solche Narren fänden, würde der Ruf nach alten Werten womöglich von Heiterkeit übertönt.

Ich will meinen Exkurs nicht pessimistisch enden lassen: Als der Bedarf groß war, gab es, ich weiß nicht wann und müsste nachschlagen, eine Narrenzucht. So eine Art Kita für den Narrennachwuchs. Ich hab schon oft überlegt, wie eine solche Zucht und wie das Curriculum dafür heute aussehen könnte. Morgens würden die politisch korrekten Tabus heruntergebetet.

Danach freies Spiel mit Krummsäbeln und Davidsternen, mittags koscheres Essen mit Schinken garniert und nach dem Mittagessen Seiltanz zwischen Kirchturm und Minarett. Du hast sicher bessere und bösere Vorschläge, schick sie mir.

Deponie für die Seele

Ich habe wieder Statistiken gelesen. 75 Prozent der Spanier seien der Meinung, »dass die Juden zuviel Macht besitzen«. Ob Kinder mitgezählt wurden und wie viele Frauen diesen Glauben teilen, stand nicht dabei. Laut derselben Quelle leben in Deutschland mehr Moslems als im Libanon.

»Laß die Mohren und die Juden, spricht der Ritter, freundlich kosend« zu seiner verliebten Donna Clara – aber das ist zweihundert Jahre nachdem Heine seine Ballade geschrieben hat, noch immer nicht möglich. Die Beschäftigung mit Juden ist zu einer Mode geworden, sie schadet nicht mehr, beißt niemanden und nützt im Glücksfall der Karriere. Es wird nicht mehr geschwiegen, Hirne und Herzen sind von der Logorrhöe verstopft. In postmoderner Vielfalt geht es um alles – also um nichts. Vordem hieß es, die deutsche Kultur sei verjudet. So etwas sagt man heute nicht mehr. Juden sind nur in Büchern, Filmen und Ausstellungen stark vertreten. Zumeist als Objekte.

Was sind die Beweggründe für das Übermaß – ich verwende das Wort, um unmissverständlich zu sagen, dass kein Maß groß genug ist, also die Interessen, äh, Vorsicht, ein falsches Wort und man könnte mir vorwerfen ... also was macht den Zivilisationsbruch ... ist dieses Wort, das sich für den Massenmord eingebürgert hat, passend? Also wie kann ich die Rituale und Übertreibungen und die Auslassungen verstehen, ohne zynisch zu werden? Was reizt junge Menschen zum Konsum der meist grauslichen Geschichten? Sympathie mit den Opfern? Vielleicht eine Vorliebe für Opfer? Ist das ein säkularer Gottesdienst, in dem sich die vielen umgebrachten Fremden mit der reichen deutschen Kultur besonders gut als Deponie für die Seele eignen? Warum beschäftigen sich Leute, die es nicht nötig haben, Montag bis Freitag und jahrelang mit vergasten, erschlagenen, gequälten Juden bzw. »Juden«? Wieso schauen sie sich Filme über den Holocaust an und lesen freiwillig Bücher über die Mordmethoden und Qualen, über Hunger, Angst, Typhus, unerträgliche und trotzdem ertragene Lebensbedingungen? Schuldgefühle? Kitzel? Lust? Moral oder wenigstens die Suche nach einer Moral? Spielt mit, dass es sich beim Holocaust um echte Tote handelt, echt Gequälte, nicht nur im Studio inszenierte Gräuel? Das geht tiefer und berührt die abgestumpften Nerven.

Wir haben schon oft geglaubt, das Thema sei abgefeiert, aber es hört nicht auf. Die nächste Generation fragt, ob der heroisierte Opa ein Nazi war* oder, wie neulich eine junge Frau: »Wie konnte meine geliebte

Oma mich so anlügen?« Sie versteht nicht, wie Opas liebevolle Zuwendung zur Familie und sein Mitmachen beim großen Morden zusammenpassen.

Mitläufer, Täter und Opfer verschiedenster Herkunft liegen fast alle im Grab, jetzt gehen jene in Rente, die in den 1980er Jahren Institute gegründet, Grundlagenforschung betrieben, Vorträge, Schulprogramme und Radiosendungen kreiert und oft gegen große Widerstände, mit viel Engagement und gründlicher Arbeit neue Denkmuster durchgesetzt haben. Mahnmale sind errichtet, Orte jüdischen Lebens markiert, Reisen zum Mitfühlen und Miterleben organisiert, man weiß ja, dass mit Vernunft alleine die Herzen nicht zu ergreifen sind. Von der Aufklärung zum Gefühl, immer noch mit wenig Talent für Dialektik. Nicht jeder, der das Unbehagen an dieser Kultur spürt, ist rechtsradikal. Es gibt junge Leute, denen das Thema wegen Überfütterung zum Hals heraushängt, auch Wohlmeinende spüren, dass etwas nicht stimmt und manche Themen mittels dieser Erinnerungskultur ausgeklammert werden.

Die Zeit hat sich geändert. Der Holocaust, die Shoa, der Genozid, die Massenvernichtung, der Völkermord – es fehlen eben die Worte – also: Dieses unbeschreibliche Ereignis gehört nicht bloß zur Vergangenheit. Es geht auch um die Zukunft. Im Für und Wider ist der Textbaustein »die schwierige deutsche Vergangenheit« unvermeidlich. Er fehlt in kaum einer Debatte über Stammzellenforschung, Waffenlieferungen und Kriegseinsätze. Zwischen den Zeilen steht: Die Israelis dürfen, die Vereinigten Staaten können, die Engländer und Franzosen handeln, nur wir dürfen nicht.

Die Bußrituale haben sich beim Aufbau eines demokratischen Gemeinwesens und für den Erhalt oder die Wiedergewinnung eines, wenn auch mehrfach gebrochenen, Selbstverständnisses bewährt. Sie waren gut und wichtig für die Außenpolitik, auch angenehm und tröstend für die Überlebenden. Die Nachdenklichkeit und die Brüche machen den Aufenthalt in diesem unserem Lande für unsereins möglich, zwar anstrengend, aber auch interessant. Seit Öffnung der Archive jenseits des Stacheldrahts hat »Schuld« mehr als zuvor auch rumänische, ukrainische, russische Namen bekommen. Das wachsende Wissen über Kollaborateure in Frankreich, den Niederlanden und anderen Orten hat die Zuschreibung auf historisch besonders zum industriellen Massenmord geeignete Deutsche relativiert. Und seit dem geglückten multikulturellen Jubel bei der Fußballweltmeisterschaft braucht man auch keine Unbedenklichkeitsbescheinigungen mehr. Da Deutschland ein akzeptiertes, vielfach bewundertes und im Verhältnis zu seinen Nachbarländern erstaunlich tolerantes Land ist, bedarf die Leidenschaft für das lange gründlich verachtete »Volk der Juden« neuer Erklärungen.

Meine unrepräsentative Umfrage, weshalb er oder sie sich mit Juden und Jüdischem beschäftigen, ergab neben Schuldgefühlen: Solidarität, jüdische Vorfahren oder die Sehnsucht nach einer anderen Herkunft, das

Interesse für diese reiche Kultur – oft bebildert mit sentimentalen Vorstellungen vom Schtetl. Auch eine Ohrfeige für Hitler, eine Ohrfeige für die Eltern, die Faszination für »das Andere« oder ein Interesse für jüdische Mystik waren Anlässe, um Synagogen zu retten oder Hebräisch zu lernen. Zudem ist Holocaust ein ernster Stoff, Opposition zum kunstlos Seichten, dem man entfliehen will. Eigene Benachteiligung oder das Gefühl, irgendwie anders, heimatlos und verloren zu sein, kann zur Auseinandersetzung mit oder Unterschlupfen in jüdischer Geschichte führen. Für manche ist das leidige Thema eine permanente Herausforderung, der endlose Weg auf der Suche nach Verstehen. Für mich auch. Eher selten wird die Auslöschung der hier ansässig gewesenen (jüdischen, polnischen, arischmutigen) Bevölkerung als Leid der nicht-jüdischen Bewohner des Landes beschrieben. Einen Satz wie von Börne: er liebe Deutschland, weil es unglücklich ist*, habe ich bisher nicht gehört. Einstein, die Nobelpreisträger ... es ist wirklich traurig, dass die gehen mussten. Wenn so ein Emigrant oder auch Nachkommen von Emigranten berühmt werden, zum Beispiel als US-Amerikaner einen Nobelpreis bekommen, wird inzwischen gerne die »deutsche« oder auch »deutsch-jüdische Herkunft« hervorgehoben.

Im ritualisierten Gedenken hat sich ein Code entwickelt, der – mit politischen, alters- und geschlechtsgemäßen Varianten – regelt, wie man mit dem Thema umgeht. »Opfer« ist ein beliebter Textbaustein. Juden und Opfer gehören zusammen. Verkraftet man Juden am besten, wenn sie als Gruppe, als Opfer, als Erniedrigte und Gedemütigte (wie in der Skulptur von Hrdlicka vor der Wiener Albertina) erscheinen? Man spricht auch gerne noch von »Juden und Deutschen« nach über dreißig Jahren Bewältigungsdiskurs, in denen immer wieder unterstrichen wurde, dass auch Juden Deutsche sein können und können sein sollten.

Es ist hier nicht der Ort, um mich über ernannte und selbsternannte Repräsentanten der Juden auszulassen. Man hat sich bilateral arrangiert, das Arrangement funktioniert, weil viele davon profitieren. Die Opfer-Täter-Zuordnung hilft der Versöhnung und vermeidet weitere Auseinandersetzungen. Der Schonraum für Juden ist angenehm, für einige lukrativ und natürlich wird der Holocaust instrumentalisiert. Wie in der Politik üblich. Wären da nicht verstörende Nebenwirkungen, könnte ich damit leben.

Zum Code gehören auch Tabus, die offenkundig notwendig, aber nicht immer für das gegenseitige Verständnis nützlich sind. Es wird wohl noch ein paar Generationen dauern, bis die Nachkommen von Verfolgten mit Nachkommen von Verfolgern über unsympathische Juden, heikle Fragen oder auch über jüdische Spitzel sprechen können, ohne die Angst vor einer klammheimlichen Freude beim deutschen Gegenüber. Aber: Verfolger, Verfolgte, Deutsche, Juden? Welch feines Instrument doch Sprache ist. Wie genau sie die Ungenauigkeiten der Begriffe erkennbar macht. Man hat »die Juden« stilisiert und ist böse, wenn auch jüdische Professoren ausnahmsweise mal dumm sind. Man hat ihnen Pfründe angeboten und zeigt mit dem ausgestreckten Finger auf Scharlatane, die es natürlich auch unter Juden gibt. Ich glaube, es ist noch kaum erforscht, wie sich jede Gesellschaft und jede Periode ihre Juden schafft. Tagsüber bewundert man ihre Intelligenz und Weltläufigkeit und nachts schlägt die Bewunderung in Neid auf die intelligenten, weltläufigen und nicht schuldigen Kosmopoliten um. Der Neid kann, wie meine Mutter aus leidvoller Erfahrung im Jahr 1938 zu erzählen wusste, schnell zu Hass werden, wenn die Umstände bzw. Schuldirektoren, Vorgesetzte oder Verwaltungsbeamte, das begünstigen.

An dem modernen Völker-Schlacht-Denkmal in Berlin, das Gedenkvorzugsschüler mitten ins Regierungsviertel gestellt haben, kann man besinnlich innehalten oder sein Frühstücksbrot verzehren. Touristen gehen vorbei und finden – oder äußern auch – das sei zu viel Platz für die Juden, im Zentrum, auf teurem Boden. Als hätten Juden sich das Ding hingestellt. All das schöne Geld, das ins Gedenken gesteckt wird, hat nur am Rande mit »den Juden« zu tun. Wenn ich den deutschen Subtext der feierlichen Reden richtig verstehe, gehört die Zweitvernutzung von Juden zur Suche nach einer brauchbaren Identität. Deutsche Identität, jüdische Identität, Identität, Identität, eine für deutsche Moslems, eine für Europa, eine fürs multikulturelle Deutschland und im Idealfall eine, die für Mischlinge aus aller Herren Länder und auch für Frauen geeignet wäre.* Vielleicht auch mit Stempel im Pass?

Identitätborgen ist keine deutsche Leidenschaft, die Formen sind nach Geographie und Geschichte unterschiedlich. Auch jenseits des Atlantik in dem großen Land mit vielen Völkern wird, aus einer wesentlich bequemeren Position, Yiddishismus vermarktet und es gibt Lehrstühle, Konferenzen und Ausstellungen über das tragische Schicksal der ausgerotteten Indianer; dort wird auch nicht mehr vom Schmelztiegel, sondern von asiatischen, lateinamerikanischen, schwarzen Identities gelabert. Es gibt Australier, die für die Kultur der Maoris schwärmen und sie rekonstruieren. In amerikanischen Filmen oder TV-Shows sind mittlerweile Afro-Amerikaner unentbehrlich; sie werden, zumindest in der Unterhaltungsbranche, gut mittelständisch integriert dargestellt. Juden in der deutschen Kultur werden meist noch als fremdes Gegenüber gezeichnet.

Einige Minderheiten haben sich mehr und weniger erfolgreich gegen die Fremddefinitionen gewehrt, aber das Konzept ethnische Identität statt Assimilation kann (vor allem für Frauen) eng werden, sobald die Mitminderheitler auf die Einhaltung der von ihnen definierten Regeln achten.

In Deutschland wird zwar extrem viel erinnert, allerdings leben die verschiedenen Erinnerungskulturen weitgehend getrennt nebeneinander her. Hie Geschichten über verfolgte, geniale, umgebrachte oder emigrierte Juden und da Rückblicke auf die »eigene« = deutsche Jugend, in der Juden, falls überhaupt, vor allem dann vorkommen, wenn ein deutsches Kind sensibilisiert, ein Bruder schockiert, eine Mutter zur

Heldin wird. In den Memuren meiner Altersgenossen, auch und gerade der politisch korrekten, äußert sich die Segregation unverstellt: »Wir, die kurz nach dem verlorenen (!) Krieg Geborenen« – das Rufzeichen stammt von mir. »Zu Besuch bei anderen Familien bekam ich sie zu hören, die immer irgendwie gleichartigen Erzählungen von Stalingrad, Fliegerangriffen und verlorenen Gütern im Osten. Sie setzten ein, wir hörten weg.« Sie schreibt: »Wir« wollten es nicht mehr hören. »Es waren Geschichten von Besiegten, die sich als solche nicht klar zu erkennen gaben. Gewiss, der Russe war schlimm und auch sein Winter, aber es fehlte das Moment des Tragischen, der schuldlosen Verstrickung, der ungerechten Heimsuchung.« »Wir liebten es«, »wir spürten«*. Bei solchen Vergemeinschaftungen zucke ich zusammen. Es gibt sie eben, die großen Unterschiede. Der Krieg wurde doch von den Alliierten gewonnen. »Wir« haben nicht von Stalingrad gehört, sondern von Auschwitz, Ravensbrück, Dachau. Das Buch des grundehrlichen Historikers klappe ich zu, weil er schreibt: »Wirklich gehungert hat man in Deutschland während des zweiten Weltkriegs nicht.«* Dass Sachsenhausen, Dachau, Buchenwald auch zu Deutschland gehören, hatte er eben nicht im Sinn, es sind Erinnerungen der Mehrheitsgesellschafter.

Vom zweiten Weltkrieg, nach dem ich geboren wurde, ist vor allem Shoa, Schuld, Opfer, Scham und Verbewältigung geblieben. Es gibt da, fürchte ich, Kontinuitäten. Von meinem Landsmann Georg Schönerer, Lehrmeister des beliebten Wiener Bürgermeisters Dr. Karl Lueger, hat mein Landsmann Hitler gelernt, »dass man, um überhaupt Erfolge erringen zu können, schon aus rein seelischen Erwägungen heraus der Masse niemals zwei oder mehr Gegner zeigen darf, da dies sonst zu einer vollständigen Zersplitterung der Kampfkraft führt«. Aus dieser Erkenntnis heraus konzentrierte sich der Politiker H. auf einen einzigen Feind: die Juden, die er für so gut wie alle Übel verantwortlich machte.* Man muss sich auf einen Gegner konzentrieren. Das kommt mir in den Sinn, wenn Politik, Geld und Macht, wenn Wirtschaftskrise und Sozialdemokraten, Kommunisten und revolutionäre Intellektuelle, nicht-jüdische Verfolgte, Russen, Polen, Franzosen, Tschechen, Ungarn, Fahrende und Schwule, Zeugen Jehovas und anständige Leute bei der Beschäftigung mit den Verbrechen der Nationalsozialisten weit in den Hintergrund rücken und die Darsteller politischer Korrektheit sich auf »die« Juden konzentrieren.

Über Juden erfahre ich aus den Büchern, Filmen und am Rande tiefsinniger Konferenzen, dass sie unschuldige Opfer, meist hochbegabt waren. Über die Deutschen erfahre ich in der Pause und zwischen den Zeilen, dass sie auch gern Opfer wären, gerne auch begabt. Opfer der Vertreibung, Opfer der alliierten Bombardements und Opfer der Tabus, die ich nur in Andeutungen mitbekomme. Über die Sehnsüchte, Projektionen und Aggressionen erfahre ich nur durch Zufall.

Ich denke an den alten Mann, der neulich mit Zeitungsausschnitten über Jüdisches bei mir vorbeikam und meinen ironischen Kommentar dazu mit den Worten quittierte: »Jedes jüdische Mädchen lernt Klavierspielen. Alle Juden gehen nach dem Abitur erst einmal durch die Welt.« Ich sitze mit Leuten, die viel mehr als ich in der Welt herumgekommen sind, auf einem Podium. Aber zu mir sagt der Moderator, »Frau R., Sie sind ja Kosmopolitin, was sagen Sie zu …« In meinem Bekanntenkreis gibt es Konvertiten und Philosemiten, die jüdische Gesetze, Speiseregeln und Geschichte viel besser kennen als ich und mir manchmal jüdische Kleinodien schenken. Ich denke dann nicht nur an Heine, ich denke auch an den Satz des schwarzen Regisseurs Spike Lee: »Als Afro-Amerikaner repräsentiert man, so wie die Dinge gelaufen sind, immer die Rasse, was immer man tut, auch wenn man es gar nicht anstrebt.«

Bei einer Tagung komme ich mit einem jungen, selbstbewussten Mann ins Gespräch, der mir von dem Glück erzählt, Frau Goldstein* zu begegnen, über die er nun forscht und schreibt (und von der Deutschen Forschungsgemeinschaft gefördert wird). Er schöpfte aus dem Vollen – spulte die ganze Leier von den klugen und weltgewandten und immer schon dem Buch verpflichteten Juden ab. Ich konnte den Spott nicht zurückhalten, erst fein und dann gröber, bis er fragte, was ich denn meinte. Da sagte ich, was ich meinte. Ich sagte, das ist philosemitischer Kitsch. Wie meist in solchen Gesprächen folgten Namen von Nobelpreisträgern und die kleinen Thoraschüler, die schon mit drei Jahren im Talmud lesen. Diesmal war ich besonders gut aufgelegt. Als der junge selbstbewusste Mann zu der Stelle kam, an der in dem Drehbuch – von dem er nichts weiß – steht: Aber Sie können doch nicht leugnen, dass es unter den Juden besonders viele intelligente Menschen gibt, war meine Replik: Na ja, es sind ja jetzt nicht mehr so viele, die meisten hat man umgebracht. Da ist aus ihm herausgeplatzt: »Das ist der Ausgleich.« Ich glaube, er wollte witzig sein, und es klang in meinen Ohren, als habe er gesagt: »Das ist der gerechte Ausgleich.« Aber wahrscheinlich höre ich da wieder nur die Flöhe husten, ich bin, pflegt meine Freundin Christine zu sagen, zu empfindlich.

Ich frage einen Kollegen, der viel über »jüdische Themen« schreibt, nach seinem Motiv, und er sagt ganz naiv: »Es ist eine Frage von Angebot und Nachfrage.« Jüdisches wird nachgefragt. Nein, er hat sich nicht mit Tätern befasst. Warum nicht? Es sei viel aufwändiger, sie zu finden, zumal solche, die etwas erzählen. Das ist ein wichtiger Unterschied. Täter erzählen nicht, Opfer erzählen, manche gerne, aber nun sind die meisten tot. Es gibt andere Opfer, das Exotische hat sich diversifiziert, das Know-how ist weiterverwertbar. Es gibt, auch das gehört zur Diversifikation, neben erlebten auch erfundene oder gefälschte Biographien von Gedemütigten und Exilierten. Die lassen sich nicht immer unterscheiden, es ist auch unwichtig für das, was wissenschaftlich gesprochen »kollektives Gedächtnis« heißt. Unter dem hübschen Sammelbegriff »Opfernarrativ« werden verschiedenste Erzählungen subsumiert. Es gibt auch ein Täternarrativ, mir begegnet eher das Täterkindernarrativ. Die Verwalter des »Opfernarrativs« haben aus guten Gründen Sorge, sie könnten ihre Sonderstellung verlieren. Das Wort Opfer hat es bis zum Schimpfwort gebracht, Opfernarrativ zum Oberbegriff für alle tragischen deutschen Schicksale – ob in der DDR, Ostpreußen oder Theresienstadt. Für die Erinnerungspolitik werden die verfallenen Konzentrationslager renoviert und auch Täterorte unter Denkmalschutz gestellt. Die Gesprächsführung wird von Professionellen übernommen. Sie wissen fast alles und mögen es nicht, wenn lebende Juden von »ihrem« Bild abweichen.

All das hat seinen guten Zweck; es gehört zu den wenigen Dingen, über die weitgehend Einigkeit herrscht: dass es nicht richtig war, die Juden umzubringen. Das ist von unschätzbarem Wert in Zeiten, in denen händeringend nach gemeinsamen Werten gesucht wird. Wenn eine deutsche Justizministerin durchsetzen will, dass die Leugnung des Holocaust in ganz Europa als Straftat gewertet wird, ist das ein großer Fortschritt gegenüber den Jahren, in denen Richter aus der Nazizeit und Gestapoleute in den Staatsdienst übernommen wurden.

Der Holocaust verwandelt sich allmählich in einen Gründungsmythos der Europäischen Union, eine sinnstiftende Erzählung zur Benennung plus Bebilderung der westlichen Werte, notgedrungen mit einigen

Vereinfachungen, weil es sonst nicht quer über Länder und Schichten funktioniert. Wenn die Vereinten Nationen den Holocaust-Gedenktag einrichten und nicht nur Deutsche, Israelis und Amerikaner, sondern auch Chinesen, Ukrainer, Brasilianer und Indonesier das Wort ergreifen, bekommt Auschwitz eine neue Funktion. Gut und Böse, falsch und richtig, Terror und Demokratie lassen sich dieses eine Mal genau unterscheiden. Die Erinnerung an den Völker(Plural)mord im zweiten Weltkrieg eignet sich als gemeinsamer Wert nicht zuletzt, weil darin nebenbei die Abgrenzung gegen die Orientalen steckt. Das bietet Kontinuitäten und knüpft an Europäische Geschichte an, zum Beispiel an die Heilige Allianz von 1815, die *Im Namen der heiligen und unteilbaren Dreieinigkeit* (!) auf der Grundlage der gemeinsamen christlichen Werte geschlossen wurde – weshalb das Osmanische Reich nicht teilnehmen konnte.

Als schlechthinige Außenseiter bieten Juden im Plural viel anschauliches Material, an dem Gefühle und Theorien durchgespielt werden. »Die Juden« (nicht die Israelis und auch nicht die, die heute hier und anderswo leben, sondern die historischen, jene, die umgebracht oder vertrieben wurden) eignen sich offenbar besonders gut als Parkplatz für Ängste und Sehnsüchte, für die es im 21. Jahrhundert kaum Raum gibt. Sind sie attraktiv für Spurensuche und Identifikation, weil man ihnen unterstellt, dass sie auch ohne Scholle einen Platz in der Welt hatten, irgendwo dazugehörten, obwohl sie entwurzelt waren? Im besten Fall steckt hinter der Verehrung von idealisierten Juden der Neid auf ihre lange Übung im Umgang mit Unsicherheit. Nur ist Geschichte dialektischer als die Geschichtsschreiber. Die paar Juden, die heute in Deutschland beheimatet sind, haben nichts von den notgedrungen flexiblen Flüchtlingen, die in Paris oder Marseille oder Odessa und Shanghai auf eine Weiterfahrt hofften. Unstet, heimatlos, notgedrungen flexibel, diese »jüdischen Eigenschaften« finde ich heute am wenigsten bei Menschen, die sich auf jüdische Ahnen berufen, weil sie zu den seltenen Wesen dieser postmodernen Gesellschaft gehören, die – auch das ist ein Ergebnis der Erinnerungskultur – wissen, wer sie sind und woher sie kommen.

Wie einst die Legenden über Hostienschändung und Brunnenvergiftung lassen sich, unabhängig von der Realität, die Legenden über das intelligente flexible Volk für die Konstruktion einer neuen Identität benutzen. Entwurzelte suchen ein Plätzchen bei diesem gebildeten, kosmopolitischen ... und was sonst noch auf die ehemals unbeliebten stinkenden, zersetzenden, bedrohlichen Juden projiziert wird. Narren, Schamanen oder eine romantisierte Künstlernatur winken freundschaftlich aus dem Hintergrund dieses Bildes. Es handelt sich um eine relativ ungefährliche Form der Einverleibung, im Fachjargon nennt man das Kannibalismus. Scharf gewürzt, vorzugsweise als »Opfer«, sind »die Juden« ein verdaubarer Teil der deutschen Kultur geworden. Was zu uns gehört und wer nicht wird an neuen Konflikten verhandelt.

Ich wollte über Narren schreiben und lande bei den jüdisch-deutsch-kosmopolitisch-globalisierten Komplikationen. Oder unkomplizierten Verallgemeinerungen. Wahrscheinlich sind (apropos Verallgemeinerungen) gar nicht »die Deutschen« von dem Thema besessen, sondern ich. Es sind deutsche Themen, die als jüdische rubriziert werden, und sie erscheinen mir allgegenwärtig, weil in meiner Gegenwart oft nach wenigen Sätzen die deutsch-jüdische Symbiose gepriesen, die jüdischen Großmütter erwähnt und die Reisen nach Israel beschworen werden.

Wer nicht in einer deutschen, von Tätern oder Mitläufern geprägten Familie aufgewachsen ist, kann sich über kostümierte deutsche Mitbürger leicht lustig machen, auch wenn es keineswegs immer lustig war, in Familien aufzuwachsen, die nicht mit den Geschichten von Stalingrad, sondern mit denen von Ravensbrück (um es milde auszudrücken) konfrontiert wurden. Wir haben es mit einer Beziehungsgeschichte zu tun und zu der gehören zwei Seiten. Es gibt in dem Spiel mehr und weniger gut verteilte Rollen, Bösewichter und Naive, Hofnarren und wie in alten Zeiten auch eine dunkle, unberechenbare Macht. Aber Israel lasse ich hier weg, es eignet sich zu gut als geistiges Schlupfloch für unterdrückte Aggressionen. In meiner Gegenwart heißt es bestenfalls: »Man darf ja nichts sagen.« Wenn ich meine Gesprächspartner ermutige, beklagen sie – gelegentlich eine Nuance zu forsch – die israelische Politik, die jüdische Lobby in Amerika, sprechen von Skandalen in jüdischen Gemeinden, Gehörtes, Gelesenes,

Entlastendes. Es ist eine Stimmung, die, verhalten noch, nach Ausdruck drängt. Man müsste über die Mechanismen in dieser Beziehung mal wieder nachdenken ... die Beziehung neu gestalten? Beziehungskriegen vorbeugen? Das Einrasten alter Muster verhindern??? Ich weiß es nicht und kann leider nicht aufhören, mir den Kopf zu zerbrechen.

Notizen für cinen Businessplan

Wir wollen die Sache pragmatisch angehen. Bislang habe ich meine hundert Prozent jüdische Abstammung nicht verwertet, weil ich nicht ins mittlerweile umkränzte Ghetto gesteckt werden wollte. Jetzt ist die Zeit reif, um Geschäfte zu machen – wie sich das für Juden gehört. Im Zuge der Privatisierung von allem und jedem wird die Beratung in Sachen »Jüdische Heilkräfte für deutsche Seelen« nicht mehr lange den öffentlichen Einrichtungen überlassen bleiben. Angesichts der kargen Rente, die mich erwartet, stürze ich mich ins Gewerbe, zumal bislang in dem deutsch-jüdischen Zirkus hauptsächlich Kerle als Pausenclowns und auf dem Trapez auftreten. Was kann ich anbieten und welches Kostüm soll ich tragen? Welches Logo, Image, Profil soll ich wählen. Die Farbe gelb?

Ich werde mich als Mischling zweiten Grades ausgeben, nach allen Erfahrungen mit breitenwirksamen

Filmen und Büchern ist das erfolgreich. Als nächste Investition in ein geschäftstaugliches Etikett ist eine arische Großmutter nötig. Mindestens BDM-Führerin, ich muss mir diese feministische Studie über die emanzipatorische Rolle des BDM besorgen.* Vielleicht lass ich noch eine der Schwestern meiner umgekommenen Großeltern mit einem SS-Mann verlobt gewesen sein – oder ist das zuviel? Eine Referenz werde ich brauchen, aber das sollte nicht zu schwierig sein mit meinem schönen jüdischen Namen. Und dann eröffne ich ein Büro für Coaching. »Neues deutsches Selbstbewusstsein« – wäre das ein passender Titel? Auf den Flyer kommt ein Text à la »Handling von jüdischen Issues«. Na ja, das klingt eher nach einer Verhaltens-Fibel, die ließe sich ja im Rahmen dieses Unternehmens produzieren. Samt Seminarangeboten wie »Wecke den Juden in Dir« oder »Jüdische Resonanzräume«. Ob ich bedeutsame beschnittene oder lieber unbeschnittene Berater als Teilhaber aufnehme? Oder Beraterjobs anbiete? Zu problematisch. Aber ich kann sie in die Kartei aufnehmen, als Redner bei Präsentationen oder auch im Impressum. Eitel sind sie doch alle. Man bräuchte eine große Körperschaft jenseits der bestehenden Lobbies, also prüfen, welche politisch relevanten Gruppierungen noch keine jüdischen Experten haben. Googeln unter Geschichte der Legitimationsjuden in der BRD – schönes Dissertationsthema, nachschauen, ob es so was schon gibt.

Ich werde mich umhören, ob die Jüdischen Gemeinden, Jüdischen Museen, Hochschulen und Institute für Jüdische Studien, Zentren für die Aufarbeitung der deutschen (ukrainischen, kroatischen, rumänischen etc. pp.) Gräuel gerne Beraterhonorare nehmen und wenn, dann wie hoch. Um weiteren Entlassungen im Bewältigungsgewerbe vorzubeugen, bieten wir auch Umschulungskurse an: Alle, die bislang ihr Geld oder Renommee mit dem Beforschen von Juden, dem Ausstellen ihrer tragischen Geschichte und Aufrichten von Mahnmalen verdient haben, können künftig mit derselben Gründlichkeit den Spuren ihrer eigenen Vorfahren nachgehen.

Man könnte einen Kurs anbieten für wurzelsuchende Juden, die sich für die unschönen Aspekte der jüdischen Geschichte interessieren. Allerdings wird noch viel Vorarbeit nötig sein, um der Heiligsprechung von Juden ihre Normalität entgegenzusetzen, ohne Identitätskrisen zu provozieren. Da man vom hässlichen Deutschen nichts mehr hört, könnte die Nachfrage nach »hässlichen Juden« bald steigen. Dazu müsste ich einen Coach engagieren, oder Denk-Maler, die Konzepte für das Gespräch der vierten Generation entwerfen, Betreff: schuldgefühlfrei, auf Augenhöhe.

Die Firma könnte ihre Dienste auch in Tschechien und Polen anbieten! Guter neuer Markt, Fachleute sind dort wahrscheinlich noch billig zu haben. Aber die Zentrale wird in Berlin sein oder Berlin-Wien-New York? Ob es besser ist mit oder ohne Tel Aviv? Ich glaub ohne, das liegt im Trend der Zeit, mit Israel will niemand mehr zu tun haben, wenn er nicht muss. Und wir sind ja ein Privatunternehmen, müssen nicht.

Vorerst konzentrieren wir uns auf die Beratung in Sachen Vergangenheitsbewältigung. Zielgruppe sind Politiker, Architekten, Filmemacher, Journalisten, Projektbeantragende und wer sonst noch mit deutscher Geschichte unter besonderer Berücksichtigung von Stilfragen im Umgang mit Judenmord, Polenmord, Russenmord, ermordeten Niederländern, Franzosen etc. befasst ist.

Vermutlich wird die Diskussion über ein neues deutsches Nationaldenkmal noch eine Weile anhalten, da muss beraten, müssen Kommissionen gebildet, Gutachten geschrieben werden.* Die Themenangebote sind einigermaßen klar. Identität sollte im Titel vorkommen, Heimat, Symbiose, Opfer und Täter, Weg- und Hinschauen, und weil die Klientel vor allem christlich sein wird: Buße, Schuld, innere Reinigung oder etwas Ähnliches. Das Bedürfnis nach Absolution ist vorbei, jetzt geht es um einen neuen deutschen Stolz, der deutsch und trotzdem nicht antisemitisch sein wird. Wic wäre es mit der Integration von jüdischer Intelligenz, Wendigkeit und Geschicklichkeit im Umgang mit Geld in eine germano-europäische Identität? Ob man mit einem Bankkredit für ein solches Start-up rechnen kann? Ich werde Praktikanten und Praktikantinnen anheuern und das Ganze auf meinen Sohn überschreiben, dann läuft so was unter Jungunternehmer. Gründlich überlegt werden muss, ob ich für diesen Zweck besser arbeitslose Absolventen mit jüdischem oder mit arischem Hintergrund nehme, wahrscheinlich arisch, kommt besser, zumal mit Blick auf Bankkredite ... und dann vielleicht noch öffentliche Gelder, die Sache ließe sich gut mit Erziehung und Jugendarbeit verknüpfen. Öffentliche Aufträge für Aufklärung könnten diese Studenten nebenbei mitübernehmen, auf die Art würden sie vielleicht sogar ein bisschen was verdienen, ich kann ihnen ja nichts zahlen. Akquisition bei gediegenen, konservativen Organisationen, die noch nicht ihre eigenen Berufsjuden haben. Die Vertriebenenverbände! Bei denen fange ich an, gleich morgen.

II. Jüdisches, allzu Jüdisches

Ist Emigrans erblich?

(1999)

Notizen beim Erinnern an Erich Fried, der ja nur in der letzten Phase seines Lebens staatlich anerkannter Vorzeigeemigrant war, seit Hunderte Federn ihn beschrieben, gerühmt, analysiert und interpretiert haben, festgezurrt in einer Rolle. Davor war er eine Wirtsnatur für dieses Emigrans, er hat es vererbt, gestreut, in Schrift, Ton und Bild verbreitet, seine Bude in der Dartmouth Road war voller Viren ...

Kürzlich fragte mich, nach einem lebhaften, kreuz und quer durch Themen springenden »Hirnsturm«, ein junger Mann, ob ich Jüdin sei. Verschiedene Umstände deuteten darauf hin, dass der Anlass für diese Frage nicht nur mein Name, sondern meine – in seiner Umgebung unübliche – Flexibilität war. Er hat die Frage so gestellt, wie sensibilisierte junge Deutsche sie mittlerweile politisch korrekt stellen: Er fragte: »Ist Rosenstrauch ein jüdischer Name?« Aus Schaden klug geworden, sagte ich, freundlich lächelnd: »Ich bin das Kind von Emigranten.« Ich markiere auf diese Art eine Grenze und wechsle den Assoziationsrahmen, um mir und meinem Gegenüber das peinliche Abklappern von Klischees zu ersparen ... unter günstigen Umständen entsteht so manchmal doch ein Gespräch. Der Schaden, aus dem ich immer noch hoffe, klug werden zu können, sind jene Rituale deutsch-jüdischer Begegnung, die – manchmal nur öde, selten produktiv – dazu führen, dass beide Seiten Mauern aufbauen, um sich vor Verletzungen zu schützen, die auch nach dreißig Jahren deutsch-jüdischer Wiedergutmachungs-Diskurse ungewollt wie Unfälle passieren.

Beim Stichwort »Juden« denken jüngere Leute (und das wären in diesem Kontext alle bis etwa Mitte dreißig) nicht mehr primär ans Wandern; schon gar nicht kennen sie die von mir so heiß geliebten Witze, in denen Luftmenschen vor allem unterwegs zu Hause sind, sich einen anderen Globus wünschen, nicht mit Ihresgleichen verwechselt werden möchten oder misstrauisch werden gegen einen Verein, der sie aufnimmt. Auch die »second generation«, die noch Spuren trägt aus den Erlebnissen ihrer Eltern, ist inzwischen ein Auslaufmodell, repräsentativ nur noch für Probleme von gestern.

Juden haben in den letzten Jahrzehnten mehrere Heimaten gefunden. Wahrnehmbar für heutige Deutsche oder Österreicher sind sie als freundliche alte Herren und Damen, die relativ pflegeleicht geworden sind, als Einwanderer aus der ehemaligen Sowjetunion oder als Israelis, als Berufsjuden und als Repräsentanten mit vorhersehbaren mahnenden Worten. Jüdisches Leben in Deutschland hat sich so weit differenziert, dass man je nach Bedarf Legitimationsjuden für alle Zwecke bekommen kann, ob als Wahlhelfer oder Museumsdirektoren, von konservativ-integriert-deutsch bis zu authentisch-heimatlos mit allen Gefühlen, die in der Fachliteratur beschrieben werden.

Sie »wandern«, wenn, dann durch Ausstellungen und Feuilletonseiten, Kongresse und Gedenkstätten – als Juden, die ermordet wurden, und Juden, die »wir« vermissen; wir alle kennen den gut verdaubaren, in geordnete Trauerrituale verpackten Juden, der in Kulturinstitutionen und Schulen, von Sammelbandherausgebern und Symposienorganisatoren umhegt wird.

»Emigrant« gehört inzwischen zu einem anderen Assoziationsfeld. Der Emigrant oder auch die Emigrantin kommen heutzutage aus dem ehemaligen Jugoslawien, aus der Türkei, aus Albanien, Bulgarien oder Indonesien. Wenn ich also nicht sage, ich bin Jüdin, sondern ich bin das Kind von Emigranten – was so gut stimmt wie das Erstere –, verursache ich damit eine Irritation, die den Kontext verändert. In dem eingangs erwähnten Gespräch mit dem jungen Studenten habe ich – als Warn- und Einleitungssatz, um seine Assoziationen wegzuwischen und eine andere Tür zu öffnen – noch dazugesagt: »Wer in mehr als einer Kultur aufgewachsen ist, hat gute Voraussetzungen für das, was derzeit ›vernetztes Denken‹ genannt wird. Verbindungen herstellen, scheinbar auseinanderliegende Wahrnehmungen verknüpfen, Dogmen auseinandernehmen und neu zusammensetzen …«

Die Formulierung »Ist Emigrans erblich?« hatte sich entwickelt aus Situationen, in denen gutmeinende Leute meine Flexibilität oder Wanderlust oder Unruhe rassisch definierten, jüdisch genannt und nicht als individuelle Eigenschaft anerkannt haben; ich habe damit aber auch junge Menschen ermutigt, die meinten, sie hätten nicht die Voraussetzungen, um sich in dieser atomisierten, keine Heimstatt bietenden Welt (Universität, Großstadt) souverän bewegen zu können.

Vielleicht ist es erblich? Ich bin zwar das Kind von Emigranten, doch ich war knapp zwei Jahre alt, als meine Eltern mich nach Österreich verpflanzt haben. Mein Sohn ist in Wien geboren, aber er war immer über die Norm seiner jeweiligen Altersgruppe hinaus selbstständig. Das hat mit den Bildern zu tun, die ich aufgrund meiner Familiengeschichte mit mir trage – von dem Neun- oder Zwölfjährigen, der allein über die Grenze ging, vom Siebenjährigen, der ins Internat kam, von der Vierzehnjährigen, die bei einer fremden Familie als Haushaltshilfe gearbeitet hat. Die Kinder meiner Schwester haben mehr Zugehörigkeit erlebt als ein Großteil durchschnittlicher europäischer Jugendlicher. Aber auch sie haben offensichtlich diesen flüchtigen Stoff, den ich als Emigrans bezeichne. Bei Juden aus den USA oder aus Israel hab ich es oft vermisst und bei nicht-jüdischen Deutschen, die durcheinandergewirbelt wurden, manchmal gefunden. Weder haben es alle Juden noch alle Emigrantenkinder, es ist noch nicht einmal an Emigrationserlebnisse gebunden. Mit Blick auf Zionisten, Orthodoxe, Berufsjuden und andere, die sich gut in ihrer Identität eingerichtet haben, schließe ich aus, dass es im Blut liegt; ich forsche noch, was es ist.

Zum Katalog der spezifisch emigransischen Eigenschaften gehörte es, sich durchbeißen zu müssen, verschiedene Jobs anzunehmen, sich immer wieder neu zu organisieren, eine Flexibilität und Mobilität, die es erlaubt, zwischen Gruppen und Schichten zu wechseln, wenngleich historisch konkret eher vom Professor zum Tellerwäscher als umgekehrt. Es gehört zur Identität dieses Elements, dass es nirgends dazugehört. Es löst sich bei Bedarf von seinen Wirtsvölkern und -organen und kann woanders hinwandern; es vermag immer neue Veränderungen durchzumachen und wird trotzdem nicht zu jenem »Anderen«, dem es sich assimiliert. Es passt sich Gegebenheiten eher pragmatisch an, um sich bei der nächstbesten Gelegenheit aus dem beengenden Kontext zu lösen, neue Verbindungen einzugehen; manchmal entwickelt es Resistenzen, um nicht abgestoßen zu werden ... und immer nimmt es etwas mit, wird größer, weiter und reicher, manchmal auch giftiger und schwerer auszumerzen.

Emigrans ist eine schwer definierbare Disposition, die lange Zeit, aus den bekannten Gründen, mit den wandernden Juden assoziiert wurde und bei Juden nur noch selten vorkommt (auch in den Juden gewidmeten Erinnerungs-Einrichtungen eher marginalisiert wird). Ich interessiere mich für diesen Botenstoff nicht primär wegen Nostalgie, obwohl es mir schon sehr leid tut, dass ausgerechnet die zumeist politisch engagierten, linken, assimilierten Juden eine so geringe Rolle in der Erinnerungskultur des sie umgebracht habenden Wirtsvolkes spielen. Es handelt sich, so weit bin ich mit meiner Forschung schon, um ein Stück Kultur, das mit einer langen Geschichte von Vertreibung, Assimilation, Anpassung, Diaspora, Hin- und Abwenden von einer »eigenen« Identität zu tun hat. Womit ich endlich in der Gegenwart ankomme. Interesse darf es beanspruchen, weil Emigration so allgemein geworden, weil alle Welt entwurzelt, instabil, notgedrungen flexibel, alleingelassen, unbehaust ist. Heimat und Wurzel sind gerade noch Sehnsuchtsvokabeln aus einer früheren Welt, geeignet für Werbung, nicht nur (ich schreibe dies im September 1999) der CDU oder FPÖ. Meine Bank wirbt mit dem Spruch »Wir geben Ihrer Zukunft ein Zuhause« und die Berliner Stadtreinigung hat Mülleimer mit Aschenbecher und dem Spruch »Wir geben Ihrer Kippe ein Zuhause«.

Präsent sind »die Juden als Außenseiter« noch auf eine andere, wirkungs-mächtige Weise. Sie wandern durch Soziologie, Ethnologie, Demographie, durch die gesamte wissenschaftliche und nicht-wissenschaftliche Literatur über die Probleme, die mit dem entfesselten Multinationalismus entstanden sind. Ein Großteil der Metaphern und Denkfiguren, die soziale oder subjektive Folgen von Migration, ethnischen Säuberungen und Vermischungen zu erklären versuchen, sind – im Gefolge von Max Weber, Adorno oder Zygmunt Baumann – aus der Geschichte des Juden als paradigmatischem Außenseiter entwickelt worden. Es fällt schwer, sich die ganzen Kongresse, Sendungen oder Bücher über Migration vorzustellen ohne Rückgriff auf Juden. Allein das Vokabular: Diaspora, Mischehen, Loyalitätsprobleme zwischen zwei Gemeinschaften, die multiple Identität, die Assimilation und Emanzipation, der kulturelle Eigensinn und die fünfte Kolonne, die Ambivalenz und Aufstiegsorientierung knüpfen an das Beispiel der beststudierten europäischen Minderheit an. Die Bücher und Kongressmappen zum Thema die Fremde, das Fremde, der Fremde türmen sich mittlerweile. Diaspora ist (glaubt man den Interpreten) überall. Und weit mehr als von armen Emigranten handeln die Feuilletons von flexiblen, zappenden, bindungslosen Yuppies, die statistisch gesehen vor allem Vor- und Angstbilder einer postnationalen Gesellschaft sind.

Eine kleine Umfrage in meiner Umgebung ergab, dass ein Großteil meiner Bekannten für sich beansprucht, zu den Fremden zu gehören. Und das hat nicht nur damit zu tun, dass ich viele sogenannte Ausländer kenne. Sesshafte Deutsche, Leute, die ein bisserl im Ausland waren, joblose Habilitierte, vielreisende Künstler ... sie alle fühlen sich fremd, sind mehr oder weniger überzeugende Spezialisten der Unzugehörigkeit. Ich bin zwar das Kind von Emigranten, aber anders als Türkinnen, Chileninnen oder Tschechinnen meiner Generation habe ich nicht wirklich in zwei Kulturen gelebt. Was habe ich geerbt, was ist dieses Ding, das ich mal mag, mal nicht, aber nicht mehr loszuwerden vermag? Second Generation bedeutet auch: dazwischen. Ich gehöre zur Generation, die den Holocaust nicht erlebt hat, und gehöre nicht zu der, für die er ferne Geschichte ist, stehe am Übergang. Wenn ich es aktiv wende, spiele ich Brücke. Die Rolle habe ich mir angezogen, sie gefällt mir!

Meine Lust daran, fremd zu sein und nirgends dazuzugehören – noch nicht einmal zur Gruppe der Second Generation – sie ist, als Lust, schwer erarbeitet. Als junges Mädchen und auch noch als junge Frau wollte ich dazugehören, wollte geliebt, anerkannt, nochmal geliebt und in diese oder jene Gruppe aufgenommen werden. Aber in welche Gruppe, in welchen Verein sollte ich mich aufnehmen lassen? Wessen Anerkennung ist für mich wichtig? Wäre ich hineingewachsen in die Kultur des einen, sagen wir katholischen, Dorfs mit gesicherter (arischer) Herkunft, hätte ich mir die Frage nicht stellen müssen. Wer nicht nur eine Welt kennt, kann pendeln, vergleichen, tanzen zwischen den Regeln. Und hat die Wahl und die Not, sich entscheiden zu müssen. So habe ich für lange Zeit die Frage für mich geformt und konnte damit im philosemitischen Deutschland einigermaßen gut leben. Das Modell muss, wieder einmal, justiert und eventuell den neuen Verhältnissen angepasst werden. Das heile Dorf, die sauber abgegrenzte Nation, die nur rot oder grün oder deutsch oder baskisch interpretierbare Welt gibt es nur noch als Ideologie.

Wandernd von der Theorie zu den konkreten Menschen, fallen mir wichtige Unterschiede ins Auge. In der multikulturellen Gesellschaft entstehen lauter Inseln mit rein sein wollender Kultur, in der eine molukkische, karibische, anatolische oder westindische Abweichung von der Emigranten-Community streng geahndet wird. Das Phänomen, das ich als Emigrans bezeichne, hat sich mit der Auflösung fester Grenzen zwischen Völkern, Schichten und Kontinenten keineswegs verbreitet. Im Gegenteil, die Regeln sind rigider. Die »Kosmopoliten« neueren Schlags, die sich in Tokio, Brüssel, N.Y. und Canberra gleichermaßen zu Hause fühlen, bleiben meist unter sich, sie mischen sich mit anderen Angehörigen jener fünf Prozent flexibler Weltreisender, deren Flüge meist von der Firma bezahlt werden. Die kommen zwar aus verschiedenen Ländern, aber meist aus der gleichen Kultur.

Andrej Szczypiorsky hat einmal geschrieben, die Juden waren der Mörtel Europas. Auch das galt nicht für alle Juden und vornehmlich für jene, die am Rand lebten, dazwischen, am Übergang. Ich wäre gern Mörtel, verknüpfe und hüpfe, wo immer möglich, zwischen Ressorts und Boxen, eher Nestflüchter als Nesthocker. Mittlerweile bezeichne ich diese gelegentlich sehr lästige Begabung, den Sprachspielregeln angepasst, als »postmoderne Schnittstellenpersönlichkeit«. Früher war es typisch jüdisch.

Der exemplarische, für die Theorien über Globalisierung so gern verwendete Fremde ist, genauer: er war, Kosmopolit; einer der im Unterschied zum entwurzelten Flaneur von verschiedenen Ländern und Kulturen und Sprachen etwas weiß und versteht. Wie Lisette so hübsch formuliert hat, er war überall zu Hause, und nicht, wie die postmodernen Nomaden, überall heimatlos.

Und weil ich ein jüdisches Emigrantenkind aus der Generation bin, die den Nationalsozialismus noch zu verstehen versucht und seine Mitläufer noch erlebt hat, vertrete ich die derzeit nicht opportune Idee, dass der Unterschied nicht nur ein kulturelles, sondern vor allem ein politisches Problem sei. Zur Politik gehört, dass mehrere Leute, eine Nation oder eine Gruppe, ein Bild haben, eine Idee, was man wollen könnte. Ohne Vorstellung von den Möglichkeiten einer Verständigung werden die um ihren Bauchnabel und ihre Identität kreisenden Ethnien kein gemeinsames Haus bauen. Auch jene Gesellschaft, die wir als scheinbar stabiles Maß nehmen, wenn von Auflösung aller Strukturen die Rede ist, hat ihre »gemeinsame Kultur« aus vielen abgeschotteten Gruppen und Untergruppen mit jeweils eigenen Gesetzen und Gewohnheiten erst nach und nach entwickelt. Juden hatten sie – neben anderen Mittlern, Reisenden, Flügelmännern und Toröffnern – verfugt, weil sie am Rand standen, verschiedene Sitten und Welten kannten, Verwandte andernorts oder heftige Gründe für ihr Engangement beim Brückenschlag hatten. Im gegenwärtigen Babylon werden Juden diese Aufgabe nicht mehr erfüllen können, weil die Verfolgung zu erfolgreich war.

Aber es hat immer Grenzüberschreiter, Übersetzer und Kommunikatoren gegeben, auch jetzt gibt es Einzelne, die aus ihren ziemlich geschlossenen Emigrantenkulturen ausbrechen, Transmitter wie die türkische Schriftstellerin, die nicht nur über türkische Angelegenheiten schreiben will, der Molukke, der nicht mit Folklore, sondern als Dirigent klassischer europäischer Musik zu reüssieren versucht, Außenseiter von Minderheiten-Communities, die sich als Einzelne mit den

Grenzgängern anderer Communities oft besser verstehen als mit ihren Ahnen.

Emigrans ist nicht mehr aktuell. Ich würde trotzdem gerne einen Platz dafür reservieren, in Schmuddelecken, als Keime und Viren gegen Saubermänner, Säuberer, Menschenzüchter.

Man sollte, wollte ich abschiednehmend vom Etikett »second generation« sagen, das Wissen über Emigrans aufheben. Vielleicht wird es noch einmal gebraucht. Mein Vorschlag wäre, es zwischenzulagern. Als Ort eignen sich möglicherweise die nicht so recht mit Leben gefüllten Jüdischen Museen.

In der Straßenbahn

(2004)

Ende der 1950er Jahre waren die Straßenbahnen in Wien noch ein Ort der Kommunikation, es gab keine automatischen Türen, die Bänke waren aus Holz und die Wiener gemütlich. Ich war zwölf oder vielleicht auch dreizehn Jahre, der Staatsvertrag war erst vor Kurzem abgeschlossen worden. Die Alliierten (alle vier) waren abgezogen und Österreich österreichisierte sich.

Als ich den Straßenbahnwagen betrat, kommentierte nahe am Einstieg gerade eine Frau die Schlagzeile der Boulevardzeitung. Es wird um Mord, vermutlich um Kindesmord gegangen sein. »Das waren sicher die Juden!«, sagte sie laut und ich fragte: »Woher wissen Sie das?« Ihr Kommentar kam so schnell, wie eine Meinung kommt, über die man nicht nachdenken muss: »Das weiß man doch, nur die Juden machen so was.« Nach meinem zweiten Anlauf, nachdem ich gefragt hatte, ob das in der Zeitung steht, mischten sich andere Fahrgäste ein. Sie haben der Frau in der ersten Reihe zugestimmt, die Meinungen gingen hin und her, über die schlimmen Zeiten und dass es so was »früher« (sinngemäß übersetzt: unter Adolf) nicht gegeben hat. Als ich nochmals argumentiere, statt zuzustimmen, sieht mich diese ganz normale Frau etwas genauer an und sagt: Wahrscheinlich haben Sie auch so ein Blut in ihren Adern. Nein, sie sagte: »Woischeinli host du aa so a Bluad in deine Odern, sunst dädst so was net sogn.«

Bei der nächsten Station bin ich schnell ausgestiegen, das (dunkel gelockte) Haupt hoch erhoben. Eine andere Reaktion war kaum möglich, obwohl ich weder feig noch auf den Mund gefallen war. Heute denk ich mir, ich hab die Situation recht realistisch eingeschätzt: Gegenüber so viel gesundem Volksempfinden hatte ich keine Chance.

Mein Vater hat mir, wenn ich derlei erzählte, immer wieder erklärt, was Faschismus ist und dass die Leute verhetzt seien und dass man sie aufklären muss und ich sollte immer ein gutes Vorbild sein und lernen und klug sein. Und so lernte ich, meinen Landsleuten mit Vorsicht zu begegnen, bemühte ich mich, klug zu werden und lernte und lernte und bringe bis heute Unaufgeklärten bei, was ich für vernünftig halte. Ich habe gelernt, dass ich nicht in meiner Heimat zu Hause sein muss, habe mir andere Plätze gesucht, an denen ich aus anderen Gründen nicht dazugehörte, habe gelernt, mich von Mehrheiten fernzuhalten ... und erwarb trotz agnostisch-assimilierter möglichst österreichischer Erziehung diese typisch jüdischen Merkmale. Lernend, unzugehörig, misstrauisch gegen Normales, je nach Stimmung heimatlos oder überall zu Hause; im Bewusstsein, etwas zu wissen, das andere nicht verstehen können – träume ich weiter, das gesunde Volk würde gescheiter.

Mein neuer Großvater

(2002)

Vielleicht ist er mit einem Stöckchen durch den Ort gegangen – zur Bibliothek, in den Park oder gar in ein Kaffehaus? Ob es in Šabac ein Kaffehaus gegeben hat? Ich will herausfinden, wie groß dieser Ort war, als über tausend Flüchtlinge aufgenommen und offenbar von der einheimischen Bevölkerung gastfreundlich behandelt wurden: Jüdische Männer, Frauen und Kinder, vorwiegend aus Österreich, einige waren aus Deutschland, einige waren aus der Tschechoslowakei später zu jener Gruppe gestoßen, die als »Kladovo-Transport«

in die Geschichtsschreibung des Genozid eingegangen ist. Da bekanntlich kein Land die Flüchtlinge nehmen wollte, war es – im Herbst 1939 – eine der letzten Ausreisemöglichkeiten aus dem »Reich«, die Flüchtlinge wurden auf drei kleine und für diese Fahrt nicht geeignete Ausflugsdampfer verteilt und von Bratislava Richtung Schwarzes Meer geschickt. Sie hatten keine Visa und keine Zertifikate, aber die jüdischen Hilfsorganisationen versuchten trotzdem, sie nach Palästina zu bringen. In Kladovo, dem südlichsten Donauhafen vor Rumänien, blieben sie stecken, erst war die Donau vereist, dann gab es keine Schiffe für die Weiterfahrt, dann keine Visa durch Rumänien ... sie überwinterten auf den Schiffen, die dafür nicht ausgerüstet waren, und blieben in Jugoslawien – bis die Wehrmacht einmarschierte.

Viel mehr wusste ich nicht, als ich Mitte Oktober 2002 nach Belgrad fuhr, um an einer Gedenkveranstaltung teilzunehmen – vor der ich mich fürchtete. 1993 war das Buch »Gescheiterte Flucht« von Gabriele Anderl und Walter Manoschek erschienen*, seither wusste ich ein bisschen mehr; mein Großvater war darin eines von 1051 Opfern, der mit der Nummer 763. Ich besaß ein Passfoto, auf dem dieser fremde Mann keine besondere Ausstrahlung hatte. Es war nach seiner Rückkehr aus Dachau aufgenommen worden.

Jakob Abraham Rosenstrauch ist zusammen mit den Männern des Kladovo-Transports Mitte Oktober 1941 auf einer kleinen Lichtung in der Nähe des Dorfes Zasavica erschossen worden, gemeinsam mit den

Juden von Šabac, Serben, Roma, Partisanen und anderen Einheimischen. Der Kommandant der Wehrmacht, der den Befehl gab, war aus Österreich wie die meisten seiner Opfer; die Wehrmacht schickte bevorzugt Militärs aus der Ostmark in den Balkan. Es war eine Vergeltungsmaßnahme für Partisanenaktionen und General Böhme hat statt der »üblichen« zehn pro getötetem Deutschen hundert Geiseln umbringen lassen. Weil es nicht genügend Partisanen und Einheimische gab, nahm er die gestrandeten Juden, die nach dem Einmarsch in einem Lager in Zasavica »konzentriert« worden waren.

Wir waren auch dort, wo das Lager war, man sieht nichts mehr davon, Reste einer alten Burg lenken den Blick auf sich. Dieser idyllische Platz am Flussufer der Save hat für die Flüchtlinge das Ende der immer wieder neu genährten Hoffnung bedeutet. Wir fuhren (eskortiert von Polizei[1]) auf der völlig leeren Autobahn von Belgrad nach Zasavica nahe der (neuen) kroatischen Grenze und dort haben wir von einer Böschung auf das Wäldchen geschaut, in dem über tausend Menschen erschossen wurden. Wie viel Wehrmachtssoldaten hat man dazu gebraucht? Bekamen sie Alkohol, taten sie es begeistert, hat einer danebengeschossen oder sich gar geweigert? Solche Fragen sind mir durch den Kopf gegangen, als man uns die Lichtung zeigte.

[1] Während wir in die Gedenkorte fuhren, haben Rassisten gegen die Errichtung des Mahnmals in Kladovo protestiert, vermutlich wurden wir deshalb von der Polizeieskorte »begleitet«.

Ein alter Mann hat erzählt, dass sein Vater an der Stelle Bäume gepflanzt hat, damit man später weiß, wo die Toten liegen. Ich habe erfahren, dass die Männer in die Zuständigkeit der Wehrmacht fielen, die Frauen in die der SS. Diese Frauen wurden, zusammen mit den kleinen Kindern, in einem der ersten derartigen Experimente, auf Lastwagen geladen und mit den Abgasen erstickt.

Die größeren Kinder konnten kurz vor dem Einmarsch der Deutschen noch mit der Eisenbahn weggeschickt werden, sie sind in Palästina angekommen. Einige Überlebende und Angehörige der Überlebenden aus dieser Gruppe, die in Israel leben, haben an der Gedenkfeier teilgenommen; wir waren die einzigen Angehörigen aus Wien. Der sogenannte Kladovo-Transport war einer von vielen Versuchen jüdischer Organisationen, teils mit, teils ohne Einverständnis der Briten, vor allem junge, vor allem zionistisch vorgebildete Juden ins »gelobte« Land zu bringen. Wie und durch wen mein Großvater nach vielen vergeblichen Ausreiseversuchen auf dieses Schiff kam, wissen wir nicht. Er war kein Zionist und er war über 45, für Hilfsaktionen galt er als »alt« und er war arm, es ist deshalb nicht anzunehmen, dass er mitgenommen wurde, weil er gut bezahlen konnte. Und er war Buchhalter – kein Beruf, der für Emigration oder gar den Aufbau von Erez Israel geeignet war.

Eine Verkettung unglücklicher Umstände hat dazu geführt, dass die Flucht dieser Leute gescheitert ist. Wir haben uns lange darüber unterhalten, ob und wie man in Deutschland und Österreich von den Fehlentscheidungen der jüdischen Organisatoren erzählen darf, ohne leuchtende Augen bei Antisemiten oder Antizionisten zu provozieren oder sich der Gefahr auszusetzen, dass einer von ihnen womöglich sagt oder auch nur denkt, der Mossad (nicht zu verwechseln mit dem heutigen Mossad) wäre am Tod der Flüchtlinge schuld.

Ich habe viel Neues gelernt bei dieser Reise nach Belgrad. Ich habe erfahren, dass die Gruppe doch einige Monate lang in Šabac recht frei gelebt hat, von der einheimischen Bevölkerung und jüdischen Organisationen versorgt und unterstützt. Es gab damals ungefähr hundert Juden in Šabac, jugoslawische jüdische Hilfsorganisationen, amerikanische und andere zionistische finanzielle Hilfe, sie haben also zumindest in diesen Monaten nicht gehungert. Wenn Abraham Jakob Rosenstrauch auf der Liste der Ermordeten steht, bedeutet das doch auch, dass er Typhus und andere Krankheiten überstanden hat, die in dem langen Winter im Hafen von Kladovo unter hygienisch katastrophalen Bedingungen auf den Booten ausgebrochen waren?

Ob er die Bibliothek von Šabac benutzt hat, in der es, wie wir beim Besuch dort hörten, französische und deutsche Bücher gab? Ist er ins Kino gegangen oder ins Theater? Ich werde versuchen, mit Hilfe serbischer Historiker (Nicht-Rassisten, die es auch unter Koštunica gibt) herauszufinden, ob er irgendwo gemeldet war, ob sich eine Karteikarte oder Registrierung finden lässt. Vor allem will ich herausfinden (für mich und für meinen Vater und seine Geschwister), wer Adelheid war. Auf der Todesliste gibt es eine Adelheid Rosenstrauch, die Frau meines Großvaters aber, Ella, war nach England entkommen. Er war, soviel wir wissen, allein, als er, mit einem fiktiven Uruguay-Visum aus Dachau entlassen, geflüchtet ist. Hat er auf dem Schiff oder in Jugoslawien nochmals geheiratet, obwohl er doch verheiratet war? Hat er Adelheid (was zwar sehr deutsch klingt, aber durchaus von Edel, einem gänzlich ostjüdischen Namen, abgeleitet sein kann) als seine Frau ausgegeben, um sie zu retten? Hatte er schon in Wien eine Freundin? Die Ehe mit meiner Großmutter war nicht gut und Jakob war, erzählt seine Tochter, ein durchaus charmanter Mann, Mitte vierzig, dem weiblichen Geschlecht nicht abgeneigt. Und wenn die Unbekannte zu ihm gehörte (und nicht nur zufällig den gleichen Nachnamen hatte, was recht unwahrscheinlich ist), ist sie dann mit den anderen Frauen und ihren Kindern zusammen auf den blutigen Marsch geschickt und mit ihnen vergast worden? Hier will ich nicht weiterdenken, denn das Wichtige an diesem Besuch war doch, dass ich mir vorstellen kann, wie dieser Großvater war oder wie er gewesen sein könnte. Der Gedenkstein am jüdischen Friedhof in Belgrad und die anrührende Feier in Zasavica gemeinsam mit Vertretern der Roma, Serben, Israelis, mit serbisch-orthodoxen und jüdischen Geistlichen hat diesen unbekannten Toten aus dem Schatten geholt. Ich habe einen Großvater und ich stelle ihn mir mit Stöckchen und schlenderndem Gang auf dem Weg durch die Stadt vor. Für kurze Zeit, von Ende September 1940 bis zum Einmarsch der Deutschen im April 1941 waren sie Emigranten in einem verhältnismäßig gastfreundlichen Land, und sie haben noch nicht gewusst, was sie erwartet.

Der Bürgermeister von Šabac, er ist bestenfalls Mitte dreißig, sagt in seiner feierlichen Ansprache, die Stadt sei froh, dass sie den tausend Juden helfen konnte, auch wenn die Geschichte einen tragischen Ausgang genommen hat. Sie fühlten sich, sagte er, den Juden sehr verbunden, man habe gemeinsame Ziele. Meint er heute, nach der serbisch-nationalistischen Aufwallung, spielt er auf die Zionisten an oder stellt er sich in die Tradition der Partisanen, für die diese Juden gestorben sind? Er hat das nicht näher ausgeführt und so habe ich in dem Moment, in dieser Halle, während dieser serbisch-hebräisch-englisch-deutschen Veranstaltung nicht an Milošević und nicht ans Amselfeld gedacht. Es ist mir, ehrlich gesagt, gleichgültig. Allein der Satz, man sei froh, ein wenig geholfen zu haben, wirft mich, die ich in Deutschland lebe, um.

Es war eine repräsentative Veranstaltung, Österreich war durch seinen Botschafter, Deutschland durch den Botschaftssekretär vertreten, ihre Ansprachen waren – immerhin – ziemlich hilflos. Mit einem kleinen Zuschuss für das Zustandekommen der Veranstaltung haben sich Deutschland und Österreich die Übersiedlung auf die richtige Seite erkauft, sie legten ihre Kränze neben die der jüdischen Organisationen, der lokalen Gemeinde, der Organisation der Roma, des jugoslawischen Department for the Protection of Monuments.[2]

Die Roma haben kleine Tische aufgestellt, mit Brot und Honig, Kuchen und Wein, so ganz haben wir nicht verstanden, wieso der Stein mit orthodoxem Kreuz plus Hammer und Sichel von den Roma geschmückt wurde und welcher der fünf Gedenksteine in der Nähe der Lichtung für welche Gruppe war, aber auch das war nicht wichtig. Eine Frau hat Bilder ihrer ermordeten Großeltern vor den Stein gestellt und gebetet, ich habe das Foto unseres Großvaters danebengestellt.

Es gab nicht wirklich eine Chance, dass ihn jemand hätte erkennen können. Die Jungen, die überlebt haben, waren unter sich geblieben, auch die Zigeunerin, die neben der Mühle und den Krankenbaracken gewohnt hat und erzählt, dass sie alle Flüchtlinge gekannt und ihnen auf dem Weg ins KZ Brot zugesteckt hat und lachend berichtet, sie sei deswegen von den

[2] Anderl/Matouschek hatten in ihrem 1993 erschienenen Buch noch geschrieben: »Bis heute hat es das offizielle Österreich nicht für Wert befunden, der ermordeten Österreicherinnen und Österreicher des Kladovo-Transports zu gedenken.« Hier war das offizielle Österreich durch den Botschafter sowie durch eine Vertreterin des Nationalfonds für die Entschädigung der Opfer des NS, Frau Meissner, präsent. Österreich hat die Veranstaltung finanziell und personell unterstützt; sie hätte früher stattgefunden, wäre nicht der Krieg in Jugoslawien »dazwischen«gekommen. Von österreichischer Schuld und Verantwortung oder gar Beteiligung wurde zumindest in dem Teil der Veranstaltung, die wir mitgemacht haben, nicht gesprochen.

Deutschen ins Gesicht geschlagen worden, kann sich nicht erinnern. Es ist zu lange her.

Wir waren am Friedhof, wo die Gebeine nach dem Krieg begraben wurden, wir haben den Ort gesehen, wo sie sich ein paar Monate frei bewegen konnten, wir haben den idyllischen Platz mit Burg an der Save gesehen, wo vor sechzig Jahren das KZ war; nach Kladovo sind wir nicht mehr mitgefahren.

Ich bin gestärkt zurückgekommen. Der Tod ist nicht mehr allgemein, er ist konkret. Die Kinder dieses Großvaters, den ich nie gekannt habe, empfinden es nach vielen Jahren voller Schuldgefühle als Beruhigung, dass er in einer politischen Aktion umgekommen ist, nicht als entwürdigtes Opfer einer zufälligen Herkunft. Es ist nicht wichtig, ob mein Großvater wirklich ins Kino gegangen ist. Der Besuch hat das Vorstellungsvermögen genährt, dem schwarzen Loch eine Form gegeben. Die so oft bei Gedenkfeiern verwendeten Etiketten »Opfer«, »Willkür«, »hilflos-den-hinterhältigen-Mörderschergen-ausgeliefert« passen nicht mehr. Ich habe von Jakob Rosenstrauch nicht mehr nur diesen auffallend blumigen Namen, der mir jahrelang eine Last war und der recht spät ein Medium der Erkenntnis wurde. Meine Tante, seine Tochter, hatte ein Foto dabei, auf dem er etwas kurzsichtig, aber sehr elegant in die Welt schaut, er war ein hübscher Mann, und wenn ich sie richtig verstanden habe, auch lebenslustig. Vielleicht hat er in der Schule, die die Flüchtlinge eingerichtet hatten, Buchhaltung unterrichtet?

Die Sicht auf den Ort hat die Illusion genährt, er hätte sich in der Bibliothek von Šabac Bücher ausleihen, er hätte eine Frau kennenlernen und sie noch heiraten können, er hätte noch kurze Zeit ein fast normales Leben gelebt.

Manchmal hab ich mit meinen Eltern gehadert, weil sie zurückgegangen sind.

(2008)

Als ich – nach längerer Unterbrechung – 2006 wieder einmal in London war und zu meiner Freundin Maggi (sie ist »echte« Engländerin, geboren und aufgewachsen nahe der schottischen Grenze) sagte, ich fühl mich so »at home«, meinte sie, ist doch klar, du bist schließlich hier geboren.

Meine Liebe zu London hat vermutlich mehr mit den vielen Reisen dorthin in den 1960er und siebziger Jahren zu tun. Der genius loci hatte wenig Gelegenheit, mich zu küssen, schließlich ist meine Mutter mit den zwei Kindern schon im September 1946 in das zerstörte Wien zurückgekehrt. Mein Vater sagt, für ihn war immer klar, dass er so bald wie möglich zurückgeht. Als ich dann so alt war wie er bei dieser Rückkehr, war meine damalige »Heimat«, das Deutschland Anfang der siebziger Jahre, mit Berufsverbot und Bespitzelung nicht sehr heimelig. Ich fand es verrückt, dass meine

Eltern statt in England in Österreich lebten. Die Konstellation war ganz anders.

Da ich das Wort Identität und die Vorgabe, dass man so etwas haben müsste, erst kennengelernt habe, nachdem ich unter die Intellektuellen gefallen war, habe ich die Frage, warum sie zurückgegangen sind, erst spät gestellt, da war ich ungefähr zwanzig. Man hat in unseren Kreisen vorher auch nicht darüber geredet – oder sagen wir, in meinen Kreisen, denn mit dem »uns« und »wir« hab ich bis heute Probleme. Mit zwölf Jahren habe ich beschlossen, sobald es geht, aus Österreich wegzugehen, mit achtzehn fuhr ich, damals noch per Schiff, nach New York, probierte danach Kanada, wo ich hätte bleiben können – nicht zuletzt dank meines englischen Passes, den ich mir vor dieser Reise besorgt hatte. Geboren in London hieß damals noch, du bist und bleibst der Königin ihr Kind, und Kanada war noch britisch. London hab ich mehrmals probiert, es ist mir nicht gelungen, dort mein Geld zu verdienen.

Nur die Deutschen, sie wollten mich immer wieder haben; immer wenn ich nicht weiter wusste oder etwas Neues beginnen wollte, kam ein Angebot aus Berlin. Zwischendurch, Ende der 1980er Jahre, bin ich nochmals nach Wien gezogen und fast acht Jahre geblieben. Komischerweise habe ich (es gab noch ein paar andre Städte, in denen ich mehr oder weniger lang gelebt hab) nirgends so gefremdelt wie dort – obwohl ich viele Leute kannte, aus der Schulzeit, aus dem »Milieu« sprich den jüdisch-kommunistischen Emigrantenkreisen, und auch neue Freunde fand.

Wenn ich in London bin, bei meiner Freundin in Finsbury Park, geht mir unvermeidlich auch der Gedanke durch den Kopf: wie (bzw. wer) wäre ich, wenn meine Eltern in England geblieben wären. Vielleicht wäre ich so wie die Cousins und Cousinen, also die Kinder jener Verwandten, die nicht zurückgegangen sind. Jacky, David, Michel, Jacky II ... normale kleinbürgerliche englische, amerikanische und israelische Juden, ziemlich jüdische Juden, jedenfalls im Verhältnis zu »uns«. Unpolitisch, ordentlich verheiratet und recht selbstverständlich zu ihrer jeweiligen Kultur gehörig – jüdisch-amerikanisch, jüdisch-englisch, israelisch.

Naja, Michele, die in New York lebt, ist auch aus der Art geschlagen, unverheiratet, mit einem Schwarzen liiert und ihr weniges Geld in einem Antiquariat verdienend. »Aus der Art geschlagen« ist eine hübsche Formulierung.

Die Art, wessen Art, was ist artig, was ist artfremd und welcher Art ist die Unruhe, die mich bis heute umgetrieben hat (oder sagen wir bis vor Kurzem, denn jetzt habe ich die Wohnung gefunden, in der ich bleiben möchte); nirgends sesshaft, immer aktiv, zersetzend, intellektuell, außenseiternd.

Ich war Mitte zwanzig, als ich mich zum ersten Mal in einen Juden verliebte. Ein Jecke, als Sohn Breslauer Juden in Israel aufgewachsen. Er behauptete, redete mir ein, brachte mich auf die Idee, dass meine Neurosen mit meiner Jüdischkeit zu tun hätten. Damals wollte ich das noch nicht hören, aber ich konnte nicht umhin, darüber nachzudenken. Seiner Meinung nach gab es für mich nur zwei Optionen: Israel oder eine Psychoanalyse. Auch das wollte ich nicht hören, fing aber an, über meine jüdische Identität und meine Zugehörigkeit und einen möglichen Platz nachzudenken. Das hatte viel damit zu tun, dass die romantische Revolte gerade zu Ende ging und jenes Klima verschwand, in dem Deutsche und Juden und Palästinenser und Argentinier (die wir nicht weiter nach der Herkunft ihrer Deutschkenntnisse gefragt hatten), neue Identitäten gemeinsam entwerfen wollten.

Bis heute kann ich nicht befriedigend erklären, warum ich mit zwölf Jahren beschlossen hatte abzuhauen, und das mit achtzehn – gegen ziemlich viel Widerstand – auch getan habe. Es hatte, glaube ich, mit der Schwester meiner Mutter zu tun, die in New York lebte, eine schlanke, wache, selbstbewusste Frau, mit meinem Hinausfallen aus dem Milljöh – der Stubenbastei und der FÖJ* und vor allem mit dem bedrückenden, neurotischen Klima bei uns zu Hause. Meine Mutter war ein Kindertransportkind, ihre Eltern waren umgekommen, sie war traumatisiert, aber zu Hause herrschte, was ich die Unerlaubtheit der Trauer nennen würde.

Opfer? Antisemitismus? Fremd im eigenen Land? Ich weiß nicht. Jawohl, Antisemitismus war normal und ich stand – mit einer Mitschülerin ähnlichen Hintergrunds – die Hände an den Oberschenkeln, wenn die anderen beteten (nicht an der Hosennaht, ich bin so alt, dass es noch ungewöhnlich für Mädchen war, Hosen zu tragen, und wenn ich welche trug, dann waren das »Lederhosen«). Ich hatte kein Anrecht auf die Heiligenbildchen, die es als Belohnung für brave Mädchen gab (und besorgte sie mir trotzdem); aber ich war auch ein hochgeachtetes Mitglied unserer Floridsdorfer Straßenbande und durfte sogar Manfred, den Chef, gelegentlich vertreten. Sein Bruder Bruno, ein gewöhnlicher, für mich allerdings ungewöhnlicher Prolet aus dem Nachbarhaus, war mein Freund, d.h. wir haben uns wohl geküsst, da muss ich etwa zehn Jahre alt gewesen sein, und das wiederum erinnere ich nur, weil ich wegen eines Rendezvous mit ihm nicht mitging, als 1955 am Belvedere der österreichische Staatsvertrag gefeiert wurde.

Um es also etwas abstrakter, den inzwischen entstandenen Kategorien gemäßer auszudrücken: Ich war in meiner Jugend nicht viel fremder als die Zigeunerkinder, die Flüchtlinge aus dem Banat, die Fleischhauerstochter oder unsere wunderbare Volksschullehrerin, die sehr auf das soziale Miteinander der verschiedenen Milieus geachtet hat. Könnte es sein, dass – ähnlich wie dann in den Jahren kurz vor 1968 – die Verschiedenheiten überwogen und deshalb die Abgrenzungen weniger bedeutsam waren?

Bis heute meine ich, dass der Umstand, dass meine Eltern in den vierziger und fünfziger Jahren noch überzeugte Kommunisten waren, viel entscheidender zu meiner Abweichung oder besser: den immer wieder neuen Abweichungen von einem Mainstream (und sei es auch der linke) beigetragen haben. Judensau und Kommunistenschwein. Aber ja doch. Das war, mit Verlaub, in dem Milieu, in dem ich aufgewachsen bin, kein Stigma, eher ein Adelstitel. Ich will all den heroischen Kitsch unserer stalinistischen Erziehung hier nicht wiederholen und habe ja ein Buch darüber geschrieben*. Aber von heute her gesehen finde ich es wichtig, darauf hinzuweisen, dass dieses »wir sind das Bauvolk der kommenden Welt« und das Gebot, klüger und fleißiger und immer Vorbild zu sein, in Österreich eine andere Bedeutung hatte als in Ländern, in denen diese Ideologie von Staats wegen verordnet wurde.

Volkskundlich interessant wäre noch die Frage, welchen besonderen Akzent diese Avantgardegedanken in assimilierten Familien mit jüdischem Hintergrund hatten bzw. bekamen. Auch die Lederhosen und die Volkstänze hatten wohl eine andre Bedeutung als in, sagen wir, Familien mit sudetendeutschem Hintergrund. Aber das war nicht die Sprache von damals.

Natürlich hatte ich immer wieder versucht dazuzugehören, einen Platz zu finden, zwei Quadratmeter Boden. Ich hatte überlegt, meinen Namen zu ändern, und habe mich bei der Bohème und bei Ausländern und in Protestbewegungen besonders zu Hause gefühlt. Und hab irgendwann eine Lebensphilosophie daraus gemacht, dass ich den Platz nicht habe. Mag sein, dies war auch einer der Gründe, weshalb ich nicht auf dem Judenticket gereist bin, diesem verlockenden Identitätsangebot, mit dem frau bis heute in Deutschland Karriere machen kann (unter bestimmten Bedingungen, die ich dann sowieso nicht erfüllen würde).

Im Resümee: Ich habe es oft nicht verstanden und habe mit meinen Eltern gehadert, weil sie zurückgegangen sind. Aber weil ich als Judensau und Kommunistenschwein aufgewachsen bin, bin ich ein kluges Kind und habe gelesen und nachgedacht und diskutiert und verstehe das heute: Die Emigranten, vor allem die aus kleinen Verhältnissen, waren in den Ländern, die sie aufgenommen hatten, Underdogs, Fabrikarbeiter oder Dienstboten mit unsicherem Aufenthaltsstatus. Und sie gehörten im Exil zu einer Gemeinschaft – jenen österreichischen Kommunisten, die ihnen schon in England Heimat boten. Sie haben in dieser Gruppe ihre Freunde gehabt, ihre Aufgabe, einen Lebenssinn. Es gab Hilfe, Orientierung, klare Ziele und den Glauben an das bessere Österreich, das sie nun aufbauen müssen. Klar, dass sie zurückgegangen sind, als die Führer dieser Gruppe es nicht nur rieten, sondern, wenn ich das richtig verstanden habe, auch anordneten. Man hat sich, sagt mein Vater zumindest heute, auch gute Chancen ausgerechnet, nämlich gedacht, man würde die Nicht-Nazis brauchen.

Die Emigranten haben vermutlich nie mehr so viel Heimat und Sinn und Zukunft gehabt wie damals im Exil. Ich bin mit ihren zerbröselnden Illusionen aufgewachsen und das gibt mir einen kleinen Vorsprung vor denen, die immer noch und wieder nach Heimat suchen.

Ich war noch beim Frühstück ...

Wie eine observierte Person sich verhält und verändert – eine Selbstbeobachtung
(1991)

»Was bleibt?« Als ich Christa Wolfs Erzählung im Sommer 1990 las und schon nicht mehr in »Deutschland« lebte, setzte die Lektüre des schmalen Bändchens Erinnerungen frei, die der ostdeutschen Erfahrung eine westliche Variante beigesellen. Die Autorin erzählt nicht nur von der Verfolgung durch die »Stasi«, sondern auch davon, wie eine observierte Person sich verhält und verändert, seit sie weiß, dass ihr Tun und Reden registriert und an Maßstäben gemessen wird, die nicht ihre sind. Ich verstand es als behutsame Reflexion über die Schwierigkeit und das Bemühen, sich durch die Angst nicht kleinmachen zu lassen. Ein Problem, das nicht auf den Osten beschränkt ist.

Der Anlass für meine Selbstbeobachtung, die Überprüfung von Hoffnungen und Zugehörigkeiten, war ein Brief in Blockbuchstaben. Überschrift:

»LIQUIDIERUNGSKOMMANDO LQ.«
Das untere Viertel des Blattes war formularmäßig ausgefüllt:
»Nummer des Judensubjekts:
Für Datum:
Name:
Stadt:«

Ich war noch beim Frühstück, als ich die Post durchsah, las nur die ersten und letzten Zeilen, während ich mein fünf Wochen altes Kind im Arm hatte. »Du jüdisches Subjekt verlässt bis 21./4.86 *(Datum handschriftlich eingetragen)* den Boden unserer deutschen Heimat. Wir haben DICH und 20 andere Judensubjekte selektiert …« Ich legte den Brief weg, sah die restliche Post durch, konzentrierte mich auf das Frühstückszeremoniell.

Durch die Schwangerschaft hatte ich den Instinkt geschult, der mich vor Aufregungen schützte, hatte gelernt, haushälterisch mit meinen Kräften umzugehen. Vielleicht hätte ich ohne dieses schutzbedürftige Wesen, für das ich noch ungeübt verantwortlich geworden war, den Brief nur ärgerlich weggeworfen.

G. kam, um das Kind zu übernehmen, und ich bat sie, sich das Ding anzusehen und mir dann zu sagen, ob ich es zu Ende lesen solle.

Sie ist Deutsche, Studentin, in Rassismus erfahren – ihr Kind ist braun, ihr Mann schwarz. G. reagierte, wie ich heute sagen würde, natürlicher. Empört. Und zur Gegenwehr entschlossen, die Frage war nur, wie. Erst nach ihrer Vorzensur, nachdem ich das Kind weggelegt und den Kaffee ausgetrunken hatte, las ich die dreiviertel DIN-A-4-Seite bis zum »Juda verrecke. Es lebe Deutschland. Freiheit für Kühnen. Sieg Heil im Namen des Führers Hitler. LQ.« Die Blockbuchstaben waren mit Bleistift nachgezogen, nur die »individuellen Daten« – Datum der vorgesehenen Liquidation, Name, Ort, Nummer – handschriftlich eingetragen.

Eine primitive Methode, die Schreibmaschinentypen unidentifizierbar zu machen, wie man mir später erklärte. Aber dieses Nachmalen war auch ein Zeichen von Hingabe und Konzentration. Wenn es dumme Buben waren, so haben sie ihre Aufgabe doch sehr ernst genommen.

Zuerst rief ich einen Freund bei der Zeitung an. Ein aufgeklärter Linker aus 68er Tagen. Ich weiß nicht mehr, was er gesagt hat, das Gespräch war unbefriedigend, auf die Verwertung einer Story bedacht, ich wollte mirs noch überlegen. Und rief A. an, Jüdin, Israelin und Psychologin, ihre Aufregung samt Opfersymptom waren mir zu emotional. B., die politisch versierte Sprecherin von Minderheiten, war nicht zu Hause, erst bei H. fand ich jene Mischung aus Sachlichkeit und Verständnis, die mir Handeln ermöglichte. Ich habe G. mit dem Kind weggeschickt, hab noch einige Freunde angerufen, um den Druck loszuwerden. Alle rieten mir auf Grund der – wie sich schnell herausstellte – reichen Erfahrung mit solchen Drohungen: *nicht* an die Öffentlichkeit zu gehen.

Zuerst ging ich zum Fotokopierer, dann zum Rechtsanwalt. Ich habe mit meinen Augen die Umgebung abgetastet und mich nach jedem dritten Schritt umgedreht. Ich hab zu dem Mann an der Kasse des Kopierladens geschielt, darauf geachtet, dass er nicht sieht, was ich kopiere. K. habe ich von einer Telefonzelle aus angerufen und ihn gebeten, er möge heute möglichst früh vorbeikommen. Er ist der Vater des Kindes, nichtjüdischer Deutscher. Ja, es sei etwas, aber ich wolle nicht am Telefon darüber sprechen. Der Gedanke an K.s Rolle war so obszön wie naheliegend: Das Kind hat einen »arischen Vater«. Das könnte die Bedrohung mildern. Ich kann das Kind zu ihm bringen, ich müsste mich von dem Kind trennen.

Bin ich völlig übergeschnappt? Wird dieser Brief zum Vorwand für masochistische Fantasien? Wieso habe ich nicht selbstbewusst erzählt, dass irgendwelche Idioten oder eben Nazis mir einen scheußlichen Brief geschickt haben? Wollte ich beobachten, wie er reagiert? War da doch eine Kluft, die Unterstellung, dass er meine Gefühle nicht verstehen könnte? Fing ich an, die Freunde in jüdische und nichtjüdische zu unterteilen, obwohl meine Ratio immer dagegen war?

Ich werde heute in K.s Wohnung schlafen, einfach zur Beruhigung. Heute ist der 20.3., bis zum 20.4. werden sie mir nichts tun, es steht ja in dem Brief. Bis zu Führers Geburtstag habe ich Schonfrist.

Es erwies sich als sehr klug, dass ich den Brief und das Kuvert kopiert habe. Nach Rücksprache mit dem Anwalt hatte ich die Politische Polizei angerufen, sie schickte eine Funkstreife vorbei, um das Objekt in Empfang zu nehmen. In meinem Protokoll (die Sache war mir offenbar unheimlich genug, dass ich ein Protokoll darüber schrieb) steht: »Sie nehmen den Brief mit, sagen weder ihren Namen, noch nehmen sie in meiner Gegenwart die Anzeige auf ... Auf meine Frage nach Empfangsbestätigung oder Anzeige sagen sie, sie würden das schon machen, die Politische Polizei würde sich bei mir melden.«

Nach dem Besuch war ich erst recht nicht überzeugt davon, dass die deutsche Polizei der richtige Schutzherr für solche Fälle ist. Heute scheint mir fast wichtiger als der Brief, dass auf dem Weg zwischen Funkstreife und Politischer Polizei die Briefmarke mit dem Absenderstempel verloren ging. Wir sind nur zufällig draufgekommen. Als die freundlichen, offenbar auf Judenfragen spezialisierten Kriminalbeamten zum Gespräch erschienen und – ich war gerade zur Tür oder in die Küche gegangen – Fritz fragten, ob ich Briefmarken sammle. Fritz forscht über Antisemitismus im Nachkriegsdeutschland, ihn hatte ich gebeten, bei dem Gespräch dabei zu sein. Und er war vif und erfahren genug, sich das Kuvert zeigen zu lassen. Unsere Dienstaufsichtsbeschwerde verlief im Sande.

Wie hieß es doch in dem Schreiben des »Liquidierungskommandos«: »Wir sind durch unsere Kameraden in den deutschen Polizeidienststellen darüber unterrichtet, wann du Judensubjekt observiert und geschützt bist. Darum entgehst du unserer Liquidierung nicht …«

Es blieb im Laufe der Ermittlungen ungeklärt, wohin die Briefmarke samt Absenderstempel gekommen war. Wahrscheinlich, so erklärten es mir die Kollegen von der Kripo, sei unter den Polizisten ein Briefmarkensammler.

An wen hätte ich mich sonst wenden sollen? Die Jüdische Gemeinde, von einem Freund, der dort Mitglied ist, angesprochen, sagte nur, sie bekämen jeden Tag solche Briefe. Sie ist keine Schutzpolizei, schon gar nicht für Ketzer wie mich. Und würde ich nicht die Segregation anerkennen, wenn ich mich unter ihre Fittiche begäbe und damit letztlich die Neonazis zu einem innerjüdischen Problem machte?

Beschützen konnte mich auch die deutsche Polizei nicht. Gerade war eine Bombe in der Disco explodiert, vermutlich Terroristen, sie haben zu viel zu tun. Aber sie berieten mich psychologisch.

Die Funktion solcher Briefe sei Verunsicherung, erfahrungsgemäß bestehe keine reale Gefahr für Leib und Leben. Sie drücken mir ein Merkblatt in die Hand, »Zur Erhöhung des Eigenschutzes vor Attentaten und Entführungen«. Ich solle mir einen Spion an der Tür und eventuell eine Alarmanlage einbauen lassen. Verdächtige Post an die Polizei weiterleiten, ein Sicherheitsschloss wäre auch eine gute Investition. Und ich solle mich beruhigen, sonst würden die Leute genau das erreichen, was sie wollten. Ich lasse mir einen Spion und ein neues Schloss einbauen, die Sache beginnt teuer zu werden. Ich denke an die alten Damen mit Spiegeln vor dem Fenster, die jeden Herannahenden erspähen, ohne sich aus dem Fenster lehnen zu müssen.

Nach einer Woche hatte sich die Geschichte – ich verkehre in den einschlägigen Mittelstandskreisen – herumgesprochen. Ob ich bereit wäre, in einer Sendung aufzutreten, ob ich ein Interview geben würde, betroffene und geile Reporter sind interessiert an der Sache. Die Warnung einer befreundeten Journalistin (jüdische Mutter, Erfahrung mit Drohungen) hält mich ab. »Du würdest die Leute nur auf dich aufmerksam machen, Nachahmer anziehen.« Ich bin erstaunt, wie viele der Leute, denen ich im intimen Gespräch von dem Brief erzähle, von solchen und ähnlichen Drohungen wissen, gehört haben oder selbst solche Briefe bekommen haben. Und wie viele nicht wissen, dass es Derartiges in den 1980er Jahren in der Bundesrepublik gibt.

Ursula war meine Busenfreundin, aufgewachsen in einer niedersächsischen Kleinstadt, durch familiengeschichtliche Zufälle zur Außenseiterin geworden. Ihr sind nie die Peinlichkeiten und Betroffenheiten entfahren, wenn wir über deutsch-jüdische Themen gesprochen haben. Mit ihr berede ich die psychologischen Implikationen, welche Haltung wäre angemessen, um nicht in Rollen zu fallen – Opfer, Jüdin, Verfolgte, in Angstschweiß gekrümmt, sich ducken, die Drohung durch den Blick nach Verfolgern wirken lassen. Sie ist gegen das Heldentum – »nur keine Angst«? Wenn ich Angst habe, muss ich sie auch zulassen, gerade um nicht mit dem steifen Stock im Rücken, sondern würdig aufrecht gehen zu können. Wir entscheiden uns, dass sie dem netten, engagierten Fernsehjournalisten das Interview gibt. Ihm wäre das original jüdische Opfer vor der Kamera lieber gewesen, schließlich stimmt er zu, akzeptiert unsere Argumente.

Im Interview an meiner Statt sagt sie den aufsehenerregenden Satz: »Ich sitze hier, weil es nicht eine Sache der Juden ist, ich als Deutsche schäme mich, dass in meinem Land so etwas möglich ist.« Die Anrufe und

Briefe, die sie als Dankeschön bekam, gehören zu den wohltuendsten Erfahrungen dieser Wochen.

»Nur keine Angst« heißt der erste Satz bei Christa Wolf. Während sie in Ostberlin jeden Morgen aus dem Fenster sah, um ihre Beobachter zu beobachten, stand ich in Westberlin hinter meinem Fenster und prüfte den Parkplatz, führte jedes Telefongespräch in dem Bemühen, gegen einen Verfolgungswahn anzukämpfen, hatte Herzklopfen, wenn ich die Post aus dem Briefkasten holte. »Nur keine Angst«? Welch martialischer Vorsatz. Bei der Lektüre ihrer Erzählung gehen mir die Beobachtungen und Ängste wieder durch den Kopf und den Kreislauf. Meine Wohnung lag im vierten Stock, gegenüber der Kinderspielplatz, der von Bäumen und Sträuchern umgeben ist, dahinter das wilhelminische Postgebäude, freie Sicht bis zu jenem Mercedes-Stern auf dem Hochhaus im Zentrum.

Ich habe keine Vorhänge und werde von nun an jeden Tag mehrmals aus dem Fenster sehen, um nach jungen Männern zu suchen, die mir oder meinem Kind Schaden zufügen könnten. Ich werde, so mühsam es ist, den Kinderwagen nicht mehr unten stehen lassen, sondern jedes Mal in den vierten Stock transportieren. Es geht, wenn man in dem engen Lift die Räder hochhebt. Nicht am Kopfende, da ist die Stange im Weg, also Kind auf den Arm, Wagen mit dem Kopfende nach unten am Griff hochheben. Angst, wenn die Lifttür aufgeht.

Sie bräuchten mich nur vor der Tür zu erwarten, ich bin, eingezwängt zwischen Lifttür und Kinderwagen, mit dem Kleinen am Arm, reaktionsunfähig. Es gelingt mir nicht, die Bilder aus meinem Kopf zu scheuchen, die ich aus Filmen und Büchern kenne. Babys, die wie nasse Lappen gegen die Wand geschlagen werden, bis sie tot sind. Quatsch, lass die Paranoia, mach dich nicht verrückt!

Ich wohne nicht mehr in Berlin, erst bin ich umgezogen, dann hab ich das Land – nach 25 Jahren bestens integriert – verlassen. Hat der Brief – oder genauer: die Erfahrungen, die ich im Umgang mit diesem Schriftstück gemacht habe – dazu beigetragen? Nicht doch. Soweit ich meine Entscheidungen nachvollziehen, begründen und kontrollieren kann, hat es nichts damit zu tun. Ich war ja sehr schnell zu dem Schluss gekommen, dass ich mich von »denen« nicht einschüchtern lassen darf, ich ihnen die Freude nicht gönne.

Aber da war auch noch der Absatz: »Wir fordern dich auf, allen Judensubjekten diese Nachricht zu geben. Nach der Liquidierung der 20 Subjekte werden im zweiten Liquidierungszug weitere Judensubjekte selektiert und entfernt. Unsere Aktion wird erst beendet, wenn sich alle Judenschweine aus unserer Heimat entfernt haben. Deine Nominierung zur Liquidierung wurde getroffen, um unsere Heimat judenfrei zu machen. Wir werden diese 20 Exempel statuieren, weil ihr jüdischen Schweine unseren Aufforderungen und Befehlen nicht nachkommt ... Unser Liquidierungskommando LQ arbeitet mit Präzision und Umsicht ... Die Liquidierung wird nicht vollzogen, wenn du dich bis 21.4. *(wieder handschriftlich eingetragen)* aus dem deutschen Gebiet entfernt hast. Nur die Aufgabe der Wohnung und die endgültige Entfernung hat zur Folge, dass dein Name von der Liquidierungsliste gestrichen wird.«

Nein, ich glaube nicht, dass dieser Brief mich bewogen hat, erst die Wohnung und dann das Land zu verlassen. Ich hatte schon vor dieser Aufforderung immer wieder mit dem Gedanken gespielt, aus Deutschland wegzugehen. Seit Anfang der achtziger Jahre, nach Bitburg oder vielleicht seit dem Deutschen Herbst, als eine Nachbarin uns angezeigt hatte, weil all die typischen Merkmale des »verdächtigen Personenkreises« auf uns zutrafen (keine Vorhänge, verschiedene Autos, häufiger Besuch).

»Hunde, die bellen, beißen nicht«, hatte der in Antisemitismen erfahrene Kripo-Beamte gesagt. Es wäre ihr Triumph und wir schützen dich, sagten die nichtjüdischen Freunde. Wenn »sie« es schaffen, ihren Kopf stolz zu erheben, müsste ich meinen einziehen, war meine vernünftige, politisch motivierte Einsicht damals. Und es gab diese Leute, die Briefe an hochgestellte, integre Persönlichkeiten schrieben, ich bekam Einladungen zur zeitweisen Ausquartierung. Ich gestand mir nur halb ein, dass die Reise zu einer Freundin rund um den 20.4. mit der Drohung zu tun hatte; wir wollten einander schon seit Langem sehen. Ein paar Dutzend Freunde und Bekannte bildeten den Schutzwall, hinter dem ich mich aufgehoben fühlte – mein Deutschland, ein »wir« jenseits der Rassen.

Geblieben ist ein Packen Papier. Solidaritätsbekundungen verschiedener in der Sache engagierter Persönlichkeiten des öffentlichen Lebens, die Korrespondenz des Rechtsanwalts, der Polizeidienststellen; der Einstellungsbescheid der Staatsanwaltschaft b.d. Landgericht Lüneburg auf einem abgerissenen DIN-A-5-Vordruck.

»Auf Ihre Anzeige vom 20.3.1986 wegen Verdachts der Volksverhetzung ...
Sehr geehrte (xxx) Frau (xxx) ...

> Das Ermittlungsverfahren ist eingestellt worden, da es nicht gelungen ist, den Täter zu ermitteln. Sollten neue Umstände bekannt werden, die zur Entdeckung des Täters führen könnten, werden die Ermittlungen wieder aufgenommen.«

Der Satz, ich möge diese Mitteilung unverzüglich meiner Versicherung zur Kenntnis bringen, ist durchgestrichen.
»Hochachtungsvoll
Auf Anordnung
xy
Justizangestellte«

Im Verhältnis zur sonstigen deutschen Ordnungsliebe, den Büttenpapieren und prächtigen Briefköpfen empfinde ich dieses schief abgeschnittene Stück Papier als Wisch, der die Bedeutungslosigkeit des Falles unterstreicht. Mein Anwalt, der ja einen größeren Überblick über die Usancen in der Justiz hat, sieht es auch so und wendet sich an einen Abgeordneten. Der Leitende Oberstaatsanwalt hat nach Beschwerde des Abgeordneten im Niedersächsischen Landtag festgestellt, »dass der an Ihre Mandantin abgesandte Bescheid in Form und Inhalt unangemessen war und auch nicht den Richtlinien entsprach.« Er bedauert das und bittet mich, das Versehen zu entschuldigen. Auch der langjährige Dezernent für politisch motivierte Straftaten und Sitzungsvertreter in einem seit Jahren andauernden Strafverfahren wegen Mordes – wegen Erschießungen in einem Konzentrationslager – ist sich des Schicksals jüdischer Mitbürger bewusst. Das Formular wird abgeschafft oder geändert, jedenfalls für solche heiklen Fälle, bei Juden muss man an die Konzentrationslager denken und besonders vorsichtig sein. Alle sind betroffen, bedauern, sind erschüttert. Es sind Sonderfälle, und sie schaden »unserem Ansehen im Ausland«.

Das Verfahren wurde nach einem halben Jahr eingestellt, die kriminaltechnischen Untersuchungen haben keine konkreten Ermittlungsansätze ergeben, es sind alle verfügbaren Wege gegangen worden. Freunde aus der Jüdischen Gruppe legten spontan zusammen, um die Anwaltskosten zu begleichen. Ich habe mir manchmal überlegt, ob es besser gewesen wäre, einen blonden Freund zu bitten, dass er sich in Lüneburg in die einschlägigen Kneipen setzt und wartet, bis ein paar Halbstarke angeben.

Vielleicht V., der mir einmal den Schlüssel für sein Sommerhäuschen in Lüneburg gab und mir noch kurz vor der Abfahrt sagte: »Übrigens, der Hausherr war in der SS, es ist besser, wenn du politische Gespräche mit ihm vermeidest.« Ich hab mit dem Mann kein Wort gewechselt. V. hat das offenbar nicht so viel ausgemacht.

Es »erhielten verschiedene Adressaten im Bundesgebiet Drohschreiben. Dreizehn Briefempfänger sind bekannt geworden«, lese ich in meinen Unterlagen. Zwanzig »Liquidationen« waren in dem Brief angedroht gewesen. Vielleicht waren sieben Leute souverän genug, das Zeug wegzuwerfen? Vielleicht aber waren auch sieben von zwanzig so schicksalsergeben und misstrauisch, dass sie nicht zur deutschen Polizei damit gegangen sind?

Einer der Briefempfänger hieß Galinski und war kein Jude, er ist wohl wegen der Namensgleichheit auf die Liste geraten. Hätte ich anders reagiert, wenn mein Name, wie der dieses Herrn, nur zufällig auf die Liste geraten wäre, nicht jüdisch, sondern friesisch oder zufällig blumig wäre? Es gab keinen Zusammenhang zwischen den Adressaten der Drohschreiben, sie sind, vermutet die Polizei, aus dem Telefonbuch ausgewählt worden. Nach dem Wohnungswechsel ließ ich die Adresse nicht mehr im Telefonbuch eintragen. Geblieben ist auch, dass ich damals, nach drei Jahren Pause, wieder mit dem Rauchen begonnen habe.

Irgendwann ist Gras über die Geschichte gewachsen, ich habe sie so sehr vergessen oder weggeschoben, dass mir bei einer Veranstaltung über Antisemitismus auf die Frage, »woran man den denn merke«, diese Geschichte nicht einfiel.

Eine der ersten Beobachtungen nach Öffnung der Berliner Mauer waren die besoffenen Jungmänner, die das Deutschlandlied grölten. Die Nischen für »undeutsche Kräfte«, für die es in Berlin mehr Heimat gab als sonstwo, verschwinden langsam. Der Stolz der glücklichen Deutschen, den unsereins nicht nachzufühlen vermag, hat die Ängste und Reflexionen von damals wiederbelebt. Wer zieht den Kopf ein und wer geht jetzt aufrecht – Christa Wolf oder die Stasi-Beamten, die Heimatbewussten oder die Unzugehörigen? »Nur keine Angst«, das geht nicht, aber dieses irrationale Zerren zu bekämpfen durch meine Vorstellungen von möglichst normalem Verhalten, das war für die Selbstachtung wichtig. Aus der Entfernung beobachte ich, wie sich die Normen für ein normales Verhalten in Deutschland verändern.

III. Deutsche Studien

Künstliche Befruchtung

Ein kritischer Geburtstagswunsch für das Jüdische Museum (2001)

Nur die Gestalter und einige wenige Mitarbeiter wissen, was bei der feierlichen Eröffnung des Jüdischen Museums zu sehen sein wird. Jüdisch groß geschrieben. Im Laufe der langen und dem Gegenstand angemessen komplizierten Vorgeschichte ist so viel gemotzt, gemeckert und spekuliert worden, dass sich der aus den USA importierte Direktor und sein aus Neuseeland importierter Projektdirektor zu höchster Geheimhaltung gezwungen sahen. Man weiß nur, was Blumenthal versprochen hat: dass dieses Museum besucher- und familienfreundlich und das größte Jüdische Museum Europas sein wird. Die Eröffnung »wird ein Ereignis von internationaler Bedeutung«, mit Gala-Diner für 850 Gäste aus der globalen Oberliga.

Erst nach dem 9. September wird sich weisen, wie sehr es ein Deutsches Jüdisches Museum – deutsch groß geschrieben – wird. Die Fortschritte in dieser Richtung waren gewaltig. Immerhin mutierte das Projekt von einer Unterabteilung des Berlin-Museums zum bundesmittelfinanzierten Museum für die gesamte deutsch-jüdische Geschichte, zweitausend Jahre und alle jemals deutschen Lande sollen vorkommen (man darf gespannt sein, wie viel von Polen dazugehört). Auch die seinerzeit aufregende Frage, wie Orthodoxe,

Zionisten, Linke, Rechte und Liberale, Israelis, Konvertiten, jüdische Amerikaner, russische Juden und Assimilierte auf einen jüdischen Nenner gebracht werden, erübrigt sich inzwischen, da Blumenthal versprochen hat, ein Museum primär für Deutsche, nicht für Juden zu machen (wären ja auch zu wenige!).

Die Eröffnung ist Grund zur Freude und zur Trauer. Freude, weil es endlich wirklich ein Jüdisches Museum in Berlin geben wird, nicht nur die Idee, nicht nur das Gebäude, nicht nur einen Keller. Trauer ist angebracht, weil die vielen heißen Diskussionen und die Auseinandersetzungen aufhören könnten. Michael Blumenthal ist ein Geschäftsmann und ein Pragmatiker, der als eine Art ideeller Gesamtjude nach Berlin geholt wurde. Natürlich muss er, um viele Leute ins Haus zu locken, einen gewissen Konsens herstellen und natürlich ist die Errichtung und Finanzierung des Museums ein Akt der Staatsräson; seine Existenz bedeutet einen Quantensprung im langen Prozess der Befriedung von oben.

Wie immer die Geschichte der Juden in Deutschland, die Jüdischkeit und die deutsch-jüdischen Verknotungen dargestellt werden, die Ausstellung beherbergt ein interessantes Dilemma: Je mehr Besuchern, Kritikern und Berufskritikastern, Berufsjuden und -jüdinnen, historisch Unbeleckten, gewöhnlichen Neugierigen, Schülern, Konvertiten, Anti- und Philosemiten die Ausstellung gefallen wird, desto weniger wird sie den Objekten dieses Unternehmens gerecht werden. Denn diese wichtigen Juden, die so wichtig sind, dass ihnen ein ganzes, teures Museum gewidmet wird, waren in allen Phasen ihres Lebens in Deutschland stets mit Misstrauen, Hass oder bestenfalls wohlwollendem Pragmatismus betrachtete Außenseiter. Vor ihrer Ausrottung hat sie niemand geliebt, nicht einmal sie sich selbst.

Ohne die vielen toten Juden gäbe es kein Vereintes Europa, ohne Lehre aus der schrecklichen Vergangenheit keinen deutschen Einsatz am Balkan, ohne Vergangenheitsbewältigung kein staatlich finanziertes Jüdisches Museum; abgesehen von all den Büchern, Ausstellungen und Filmen, Kongressen, Denk-Malen, Inszenierungen, wissenschaftlichen und pädagogischen Instituten. Wie die Antisemiten immer schon gesagt haben: »Die« Juden beherrschen das geistige Leben Deutschlands – nun allerdings primär als Tote. Noch die Deutungen des Furors, mit dem das Thema in den letzten Jahren den Markt (keineswegs nur in Deutschland) erobert hat, halten das Gewerbe in Gang.

Man wünscht dem Neugeborenen eine böse Fee, die etwas Gift in die Geschichtshäppchen streut, damit diese größte und prächtigste und animierend-interaktive Ausstellung nicht zu konsensuell wird. Vielleicht erstarren ja die Gäste des Gala-Diners, wenn sie erfahren, dass der erstaunliche Erfolg all der über Juden arbeitenden, schreibenden, filmenden und forschenden Gojim (und einiger Berufsjuden, die in Deutschland nicht leben könnten, wenn sie nicht ihr Judentum verkauften) die postfaschistische Variante einer noch vieles versprechenden, deutsch-jüdischen Symbiose aus Business und tiefem Gefühl ist: Juden, Holocaust, Nazizeit – diese Essentials ergeben offenbar eines der wenigen verbliebenen Referenzsysteme, das noch eine moralisch und rational begründbare sowie emotional stabilisierende Orientierung gibt. Das ist viel im Zeitalter aufgelöster Werte, wo nichts sonst die Welt im Innersten zusammenhält; es ist Teil einer schönen Paradoxie: Jene Moderne, in der sich alle Werte relativieren, wird dank der Juden – Symbol für die Ambivalenz der Moderne – noch einmal aufgehalten. Als neuer Höhepunkt der »Zweitvernutzung der Juden« bietet ihr Schicksal einen letzten Ort für Sinn und Moral.

In der Aufregung, mit der die Kommerzialisierung eines letzten heiligen Themas beklagt wird, steckt noch der Traum von echten Gefühlen. Die Authentizität des Völkermords überbietet das tägliche Bombardement mit fiktionalen und echten Gräueln in Bild, Ton und Druck. Und es hat »mit uns zu tun«. Der Kapitalismus verwandelt eben nicht nur, wie Marx, der vergessene Hund, vor über 150 Jahren geschrieben hat, »alle idyllischen patriachalischen Verhältnisse in seelenlose bare Zahlung«. Er verwandelt auch die unidyllischen, grausamen, echten Gefühle in konsumierbare Ware. Es gibt bekanntlich keine Alternative! Die Eröffnung dieses Museums wird das Feuerwerk der Argumente noch einmal animieren, es wird Stoff bieten für Kritik, Besserwisserei, Berichtigungen, neue Forschungen, Beweise und Gegenbeweise, Debatten von Profis für

Profis, die sich profilieren. Wie die Nachkommen der Heimatvertriebenen beim Volkskundeinstitut ihre Bräuche und Trachten kennengelernt haben, wird das Jüdische Museum zur Anlaufstelle für eine künstlich befruchtete jüdische Identität werden: für Juden, die von ihrer Tradition abgeschnitten waren, oder für Deutsche, die sich eine jüdische Tradition aneignen wollen; sie wird vielleicht ein bisserl virtuell, um ein paar Schattierungen und Widersprüche ärmer als die nicht rekonstruierbare Realität, aber von einer seriösen und vor allem »zuständigen« Institution beglaubigt sein.

Wir wünschen dem Jüdischen Museum und uns, dass daneben, außerhalb, am Rande Orte entstehen, an denen es zu wirklichen Gesprächen kommt, über das Verhältnis zur deutschen Geschichte und die Folgen nicht nur für das jüdische, sondern das deutsche Selbstverständnis im Angesicht einer Moderne, die erst erlernt werden muss – ohne jene Juden, die in Deutschland als assimilierte, linke, unangepasste unjüdische Juden ihr Unwesen getrieben hatten.

Und wir wünschen ihm und uns, dass die Fee ihre magischen Kräfte nutzt, damit das Kind nicht in einen tausendjährigen Schlaf fällt, damit sich die Diskussionen immer wieder neu entzünden, die jüdische und vor allem die deutsche Frage nicht musealisiert, das Museum keine Abstellkammer fürs gute Gewissen wird und niemand endgültig definiert, was jüdische Identität sei.

Fühlmal für die ermordeten Juden

(2005)

C. C. berichtet im August 2005 von ihrem Gefühl der Beklemmung und Unsicherheit, das der Besuch des Berliner Mahnmals auf 19 073 m² Fläche bei ihr auslöste, ein paar Zeilen später ist es das Gefühl der Ausweglosigkeit, das sich einstellt. Bei meinen letzten drei Besuchen konnte ich dieses intendierte und so oft beschriebene Gefühl nicht fühlen. Also bin ich nochmals hingefahren, zufällig am 3. Oktober, dem Tag der deutschen Einheit. Gefühlte Museen, gefühlte Geschichte, erfühltes Schauern sind ja seit einigen Jahren konzeptuell en vogue, ich wollte es noch mal probieren, weil es ja, las ich, immer wieder andere Gefühle auslöst.

Zuerst bin ich beim Brandenburger Tor vorbeigeradelt, wo ein Leierkastenmann mit Pickelhaube deutsches Volksgut aborgelte und die Touristenmassen an Würstchen- und Sushi-Ständen vorbeiflanierten. Die Bilder, die mir dort durch den Kopf gingen, stammen vom 9. und 10. November 1989, oben auf der Mauer tanzt die Jugend, inklusive besoffener Jungmänner, die auch da oben saßen und grölten: »Heute gehört uns Deutschland und morgen die ganze Welt.«

Das ist natürlich unfair. Ich will damit vor allem gegen eine Mode polemisieren, die das Scheitern der Aufklärung mit Vertrauen ins Gefühl beantwortet. Man soll sich wie die Juden fühlen, einsam und verloren ... und erstaunlicherweise fühlen sich dann auch alle so, wie es der Architekt und seine Interpreten vorgeschrieben haben.

Ich fühle mich, wenn ich mal ehrlich sein darf, wie im Wiener Wurstlprater, in jenem Irrgarten, in dem man auch immer wieder eingeklemmt ist und um die Ecke auf Leute stößt, die ihrerseits geradeaus und rechts und noch mal links gehen und nach ihren Kindern und Partnern rufen.

Die meisten Juden, die ich kenne und die ergo nicht offiziell-politisch-korrekt reden, sagen, das Denkmal ist ja auch nicht für Juden, soll heißen, das haben sich die Deutschen oder Arier oder auch Nachkommen der Täter für sich und ihre Gefühle gebaut. Und es funktioniert ja auch. Berlin ist, stand gerade in der Süddeutschen Zeitung, um eine Attraktion reicher. Das Denk- und Fühlmal gehört bereits zum Parcours für Touristen, und es liegt auch sehr günstig, nahe am Brandenburger Tor und auf dem Weg zu den monströsen neuen Regierungsgebäuden, es lässt sich also auch leichter »mitnehmen« als etwa der Bahnhof Grunewald, von wo die Deportationen abgingen, oder das Haus der Wannseekonferenz, in dem der Völkermord beschlossen wurde.

Das Informationszentrum, das nach vielen Debatten zwecks Erläuterung für jene eingerichtet wurde, die von der Architektur allein nichts lernen, konnte ich bei diesem Ausflug nicht besuchen. Der 3. Oktober war ein Montag, und montags ist der Aufklärungskeller im Untergrund geschlossen. Als ich schon außerhalb des Stelenfelds auf dem Gehsteig stehe und mein Rad vom Pfosten losmache, kommen drei betagte vollschlanke Frauen vorbei, werfen einen Blick nach links und liefern das passende Zitat: »Das soll doch dieses Gefühl der Juden erwecken, das muss ich mir doch gar nicht antun«, und gehen weiter.

Geflohene Eliten

(2005)

Das Einsteinjahr* war wieder so ein Anlass, bei dem viel davon geredet wurde, welch einen Aderlass die dreißiger Jahre für die deutsche Wissenschaft und die Kultur bedeutet haben. Heute spricht man jedoch nicht mehr von Aderlass, sondern von Brain Drain. Klagend, wehleidig, resigniert oder als Entschuldigung für den traurigen Stand der deutschen Wissenschaft in der Welt werden die Physiker und Dichter, die Kunsthistoriker und Mathematiker aufgezählt, die vertrieben wurden und später womöglich Nobelpreise bekommen haben.

Wir wissen inzwischen sehr viel mehr als noch vor fünf oder fünfzehn Jahren über die Schicksale all derer, die entweder auf Grund des »Gesetzes zur Wiederherstellung des Berufsbeamtentums« ihrer Posten enthoben wurden oder manchmal auch ohne »rassische« Gründe vor den Nationalsozialisten geflohen sind. Es gibt eine Reihe neuerer Forschungsarbeiten über die

Geschichte der Universitäten, der Max-Planck-Institute und einzelner Fachgesellschaften, die Wege und Umwege deutscher Flüchtlinge mit oft erstaunlichen Karrieren im Gastland nachgezeichnet haben. Jedes Fach nennt viele Namen von berühmten Wissenschaftlern, Künstlerinnen und Künstlern, die in Deutschland erzogen worden waren, fliehen mussten und dann ihrem Exilland zur Ehre gereichten. Bis heute seien die Folgen zu spüren, denn all diese klugen Köpfe haben nicht nur in England und den USA geforscht und publiziert, sie waren auch Lehrer und oft hingebungsvolle Lehrer, deren Schüler wiederum heute Großes leisten.

Die deutsche Ausbildung ist immer noch so gut, dass Wissenschaftlerinnen und Wissenschaftler, die in Göttingen oder Heidelberg, München oder Aachen promoviert haben, hervorragende Stellen im Ausland angeboten bekommen. Zur Zeit wird viel getan, um diesem Nachwuchs auch in Deutschland gute Chancen zu bieten oder sie zurückzulocken. Die ersten Erfolge wurden bei Pressekonferenzen stolz verkündet, weitere Gelder für solche Heimholungsprogramme in Aussicht gestellt.

Wieso aber ist bislang noch niemand auf die Idee gekommen, nachzuahmen, was so vielen hochqualifizierten Flüchtlingen die Lehre und Forschungen nach ihrer Vertreibung aus Deutschland erst ermöglicht hat? In den dreißiger und vierziger Jahren gab es viele Helfer, Leute, die Empfehlungsbriefe schrieben, engagierte Vermittler, die zwischen Universitäten und Mäzenen,

Regierungen, Forschungszentren und den gefährdeten Wissenschaftlern Kontakte herstellten, Spenden sammelten, verfolgten Wissenschaftlern halfen, die lebensrettende Aufenthaltsgenehmigung zu bekommen – ein riesiges Netzwerk, das quer über Kontinente und Disziplinen funktioniert hat. Zu den berühmtesten Rettungsstationen gehört die »New School of Social Research« und die transnationale und interdisziplinäre Gründung einer »University in Exile« mit ihrer weiten Ausstrahlung, die immer wieder als Beispiel für einen kreativen Schub durch deutsche und bald auch österreichische, tschechische, polnische, französische, niederländische Intellektuelle in den USA genannt wird. Darüber hinaus erzählen die Briefe von den Bemühungen, sie nicht nur unterzubringen, sondern auch für die amerikanische oder irische oder türkische oder englische Wissenschaft zu gewinnen. Man hat diese Emigranten, bis auf wenige Ausnahmen, nach dem Krieg nicht nach Deutschland oder Österreich zurückgeholt ... oder sie wollten nicht kommen. Der Brain Drain wurde nicht in Brain Gain verwandelt*, ein Versäumnis, das auch erst zum Thema gemacht wurde, nachdem die Leute tot oder pensioniert waren.

In deutschen Universitätsverzeichnissen der Nachkriegszeit sucht man vergeblich nach den chilenischen und spanischen, portugiesischen, griechischen und russischen, syrischen, libanesischen oder auch türkischen Namen, die unsere Wissenschaft mit Flüchtlingen aus den Diktaturen oder sechziger, siebziger oder achtziger Jahren hätten bereichern können. Wieso ist niemand in Deutschland je auf die Idee gekommen, eine Exil-Universität aufzumachen, um all die Talente zu sammeln – nicht nur Chinesen und Inder, die eingeladen werden, wenn sich mal wieder eine Lücke im Ausbildungssystem zeigt oder ein wirtschaftswunderlicher Hype den Wissenschaftstourismus belebt? Gibt es nicht immer noch serbische und kurdische, weißrussische, bosnische oder auch chinesische Talente, die verzweifelt nach einer Möglichkeit suchen, ihr Wissen und Können anzuwenden, kluge Köpfe aus Ländern, die ihre Intelligenz vertrieben oder nach dem Ende ihrer Diktaturen nicht zurückgeholt haben?

Im nächsten Einsteinjahr, beim nächsten Großkongress von Physikern aus aller Welt, als Unterbrechung der Klagelieder über den Brain Drain von einst wird sich vielleicht eine Arbeitsgruppe zusammensetzen und mit Rekurs auf die deutsche – amerikanische, englische, kanadische, australische, türkische, mexikanische und wie all die Exilländer der dreißiger und vierziger Jahre heißen – Vergangenheit das Netzwerk gründen, mit dem die Lehren aus der Geschichte gezogen werden. Berlin wäre ein guter Ort für eine Exil-Universität, an der Wissenschaftler und Künstler, die in ihren Ländern nicht arbeiten können, den Aufholprozess der deutschen Wissenschaft befördern. Es könnte langfristig lukrativer sein als Rituale, Begrüßungsansprachen und Empfänge, bei denen Beschwörungsformeln über ein Lernen aus der Vergangenheit abgeworfen werden.

Vielleicht muss man die Sache anders nennen, damit sie eine Chance hat? »Exzellenzcluster« sind derzeit besonders beliebt und kämen als Beschreibung des Projekts der Sache doch recht nahe?

Die Niedrig- und die Wohlgesinnten

(2009)

Es gibt dieses überaus sympathische Paar: Wilhelm und Caroline von Humboldt, vierzig Jahre verheiratet, beide klug, liberal und (im Großen und Ganzen) frei von Standesdünkel. Er war teils in Tegel, teils in Berlin aufgewachsen, das in seiner Jugend eine kleine Residenzstadt war, sie auf den Gütern ihres Vaters in Thüringen, aber der Freiherr Friedrich von Dacheröden besaß auch ein wunderschönes Renaissancehaus mitten in Erfurt, in dem Gelehrte und Künstler der Universitätsstadt verkehrten. Beide wurden Weltbürger, die sich in Europa und am allerliebsten in Rom heimisch fühlten.

Ihre Ideale borgten sie von der Antike, Caroline lernte Griechisch, um mit ihrem Gatten die Schriften der Alten lesen und übersetzen zu können, und wenn es an Lehrern für die Kinder gebrach, übte sie mit ihnen alte und neue Sprachen. Als das Mittelalter samt altdeutscher Tracht und Heiligenverehrung um sich griff, äußerte Humboldt, er hasse alles Moderne, das

Mittelalter eingeschlossen; Caroline schrieb, bevor sie von Rom nach Berlin fuhr, an ihren Freund Gustav von Schlabrendorf, sie fürchte sich, »dass ich es grade heraus sage vor Deutschland u. diesem überhand genommenen Mysticismus«. Das war 1809, als der preußische König samt Entourage von Berlin nach Königsberg geflohen und – notgedrungen – gewillt war, sein Land durch Reformen retten zu lassen.

Caroline und Wilhelm hatten einander 1788 durch den sentimentalen Tugendbund kennengelernt, den Henriette Herz, Dorothea Mendelssohn, deren Schwester Henriette, Karl von La Roche und eben Wilhelm von Humboldt in der Absicht gegründet hatten, mit den alten Konventionen zu brechen und neue zu erfinden. Die Liebenden waren Anfang zwanzig, die junge Frau aus altem thüringischen Adel, der Galan zwar auch mit einem »von« vor dem Namen, aber das hatte sein Vater erst 1736 erworben. Sie hatte den weiteren Weg zu gehen, als beide in die Moderne aufbrachen, nach Paris und durch das damals wilde Spanien reisten, dann für mehrere Jahre in Rom lebten, in Jena, Berlin, Wien und oft getrennt an verschiedenen Orten, als er in preußischen Diensten stand und sie sich um die fünf Kinder kümmerte, die von den achten blieben, die sie geboren hatte.

Das Paar war schon zu Lebzeiten berühmt für seine moderne Ehe, die von Offenheit, gegenseitiger Rücksicht, von Respekt für die Individualität inklusive gefühlsreicher Hinneigung zu anderen Partnern bestimmt war. Das war in ihrem Kreis eine Besonderheit.

In der Elterngeneration war es noch üblich, die Frauen an (meist sehr viel ältere) Männer der Güter, nicht der Liebe wegen zu verheiraten. Gleichaltrige Freundinnen und Freunde nutzten die neue Moral, um sich wegen Mangels an Liebe und Respekt zu trennen. »Bill« und »Li«, wie sie einander zärtlich nannten, blieben auch in den zehn Jahren zusammen, in denen sie die meiste Zeit getrennt waren. Diesen Trennungen verdanken wir die vielen Briefe (3200 Seiten in der Prachtausgabe, Anfang des 20. Jahrhunderts herausgegeben von einer Urenkelin der beiden). Es sind schöne Briefe, in denen sie von ihrer Liebe, ihrer Gestaltung des Tags, von den Kindern, über politische Stimmungen und über Freunde und Bekannte berichten.

Er berichtet aus Königsberg über den zähen Fortgang der preußischen Reformen und aus Berlin über die Gründung der Universität, die mit seinem Namen verbunden ist. Sie heißt ja auch inzwischen Humboldt-Universität, allerdings erst seit 1949, und verdankt diesen Namen einem russischen Offizier. Bücher, Seminare, Tagungen und Events aller Art künden vom zweihundertsten Geburtstag dieser Gründung. Es ist ein besonders würdiges Datum, um das Positive an Preußen hervorzuheben. Wir feiern auch die Verschönerung der Stadt, die Gebäude, Brücken, Statuen und Gemälde, die der (nicht zuletzt durch das Ehepaar Humboldt) zum Kunstfreund gemachte König Friedrich Wilhelm III. in Auftrag gegeben hat – sie belegen bis heute, dass Preußen eben nicht nur ein Militär-, sondern auch ein Kulturstaat war ... oder müsste man vielleicht doch sagen »gewesen sei«? Man spricht gern von der Kultur, weil in den regelmäßig wiederholten Rehabilitationen des deutschen Teilstaats immer das Bemühen sichtbar wird, Preußen von dem Urteil des Kontrollrats zu befreien, in dem es mit Militarismus in eins gesetzt und dieser Quell allen Unglücks per Gesetz Nr. 46 vom 25. Februar 1947 aufgelöst wurde. Der Staat Preußen war, wie die Historiker zu formulieren pflegten, schon zuvor gestorben, ich vermute, er wird vor allem deshalb immer wieder ins Leben zurückgerufen, weil es immer noch diese deutsche Identitätsdebatte gibt, für die das preußische Erbe konstitutiv ist. Deutungskämpfe eben.

In meinem Preußen-Ploetz von 1983, auch das war so ein Jahr des Abwägens, Rehabilitierens und Verwerfens, steht, dass die Wirkungen des ausgelöschten Staats »fraglos weit über sein faktisches Ende hinaus bis in die Gegenwart« reichen. Wenn ich die aktuellen Programme und Neuerscheinungen fürs Jubiläum betrachte, sehe ich, dass seine Wirkungen noch immer in die Gegenwart reichen, heftiger als vor 25 Jahren.

Etliche Künstler, deren Werke anlässlich der Jahrestage preußischer Reformen ausgestellt oder nachgebaut, ins Licht gestellt und in einem neuen Zusammenhang erläutert werden, hatte Caroline von Humboldt, lange bevor sie berühmt wurden, in ihrem Haus in Rom bewirtet: Christian Daniel Rauch, Gottfried Schadow, Gottlieb Schick, Christian Friedrich Tieck und andere, die heute weniger bekannt sind, aber ebenfalls zum Ruhm Deutschlands beigetragen haben und es ermöglichen, Preußen als Kulturland zu bezeichnen.

Caroline von Humboldt gab ihnen Aufträge und verschaffte ihnen Aufträge anderer wohlhabender Deutschrömer, echter Römer, auch englischer Mäzene und des preußischen Königs, hat sie gefüttert und, wenn sie krank waren, gepflegt bzw. pflegen lassen, es gab genug Personal: Köchinnen, Dienstmädchen, Lehrer für die Kinder, einen Bediensteten für den Mann, der preußischer Gesandter in Rom war.

In den meisten Fällen war Caroline mit ihrem Mann einer Meinung und das schloss auch politische Fragen ein. Wilhelm von Humboldt war einer der wenigen geborenen Preußen unter den preußischen Reformern; als die Reformen nicht mehr nötig waren, wurde er an den Rand geschoben. Er war zu selbständig, zu liberal und zu dezidiert in seinen Urteilen, um im Staatsdienst bleiben zu können. Auch da stimmte Caroline mit ihm weitgehend überein.

Obwohl sie in Burgörner, Auleben und Erfurt aufgewachsen war, wurde Caroline eine engagierte preußische Patriotin. Wie so viele Menschen, die das Bessere wollten, hat sie in den und durch die Freiheitskriege (heute vor allem als Befreiungskriege bekannt – als Kampf gegen Napoleon und weniger als Kampf um Freiheiten, die durch das Vorbild der Franzosen denkbar geworden waren) eine Gesinnung bekommen. Gesinnung und Patriotismus waren ihr und, wenn auch auf etwas andere Weise, ihrem Gatten wichtig. Sie erlaubten zwischen Guten und Schlechten zu unterscheiden.

Zu Beginn des Jahres 1815 schreibt Caroline aus Berlin an ihren Mann, sie habe eine kleine Gesellschaft gegeben; La Rochens, der Sohn Theodor und mehrere Offiziere aus dessen Schwadron waren da; Christian Daniel Rauch war am letzten Tag des Jahres angekommen. Der Winter war sehr kalt. Caroline war damals eine Art Zeitung für ihren Mann, zu der Zeit preußischer Gesandter beim Wiener Kongress, wo die eroberten Länder neu verteilt wurden. Sie berichtete ihm über Meinungen und Stimmungen in Berlin und erzählt, besonders empört sei man über die allzu günstigen Bedingungen für Sachsen. Die Gerüchte darüber *»schwanken [...] einen Tag so und einen so, doch im ganzen, glaube ich würde ein Krieg einen großen Schrecken machen, allein, soviel ich beurteilen kann, mehr unter der Klasse der Niedriggesinnten, wenn ich mich so ausdrücken darf, der Wuchernden, der Juden. Wohlunterrichtete Menschen behaupten, dass alles Geld des Landes, alle Ressourcen in ihren Händen sind.«*

Es ist innerhalb dieser Korrespondenz die erste von vielen Bemerkungen, in denen Caroline ihre heftige Abneigung gegen Juden zur Sprache bringt. Humboldt antwortet ihr: *»Was Du mir über die Juden schreibst, ist mir sehr auffallend gewesen. Auch hier neulich beim Kanzler am Tisch behaupteten einige seiner Räte, das von ihm gegebene Judenedikt habe diese schlimmen Folgen hervorgebracht, die vorzüglich in den kleinen Städten verderblich wären.«* Er billige das Edikt (über die bürgerliche Gleichstellung der Juden) und teile die

Meinung des Kanzlers, der es durchgesetzt hat. *»Es kann unmöglich vernünftig sein, den alten Unterschied zwischen Juden und Christen ewig bestehen zu lassen und das Vorurteil noch zu vermehren.«* Er wolle nicht die Tatsachen wegräsonieren, aber man habe *»vielleicht versäumt* [...] *Dinge zu tun, die notwendig hätten mit dem Edikt zugleich geschehen müssen«.*

Ein paar Tage später erzählt ihr Wilhelm von seinem Besuch im Hause Arnstein, dem anregendsten Salon des Wiener Kongresses, in dem Fanny Arnstein, die aus Berlin gebürtige Tochter des reichen Bankiers Itzig (eine der wenigen Jüdinnen, die nicht zum Christentum übergetreten ist) französische, englische, österreichische, russische und vor allem preußische Grafen, Generale und Gesandte, geistvolle Damen und sogar hohe kirchliche Würdenträger empfing: *»Ich arbeite aus allen Kräften daran, den Juden alle bürgerlichen Rechte zu geben, damit man nicht mehr aus Generosität in die Judenhäuser zu gehen braucht. Sie lieben mich aber auch gar nicht.«* Der Brief bricht hier ab, die Herausgeberin hat wohl das Weitere nicht zitierenswert gefunden.

Das ist nur ein Vorspiel. Während Caroline sich nach seinen Erläuterungen beim Thema Sachsen *»seine*[n] *besseren Ansichten«* ergibt, sind die Juden auch ein Jahr später noch Streitpunkt. Da beklagt sie die Verleihung der Bürgerrechte an Juden: *»Du rühmst Dich, die Juden nie zu verlassen. Es ist der einzige Fehler, den ich an Dir kenne. Sie sind Dir zu einerlei. Allein das Einerleisein ist nicht die Natur der Juden. Auf Indivi-*

duen kann das Lieben oder Nichtlieben keinen Einfluß haben, aber im ganzen stehen sie hier in unrichtigem Verhältnis zur Zeit, zum Geschehenen. Man erhebt sie zu allen freien Bürgerrechten und das einzige, wozu sie sich derer bedienen, ist das Schachern und Handeln usw. Schierstedt hat mir erzählt, wie ganze Distrikte im Jahre 1813, die Reichen für die Armen mit, sich loskauften, um nicht den Feldzug mitzumachen – sie sind jetzt schon ein nicht unbedeutender Teil des Grundeigentums in allen preußischen Staaten. Juden sind Patronatherren von Christen und christlichen Kirchen, was doch ein größerer Unsinn ist als wenn Türken es wären, die doch Christus nicht leugnen, nur Mohammed einen größeren Propheten nennen. Das Vermögen des Staats ist größtenteils in ihren Händen, hier in Berlin ist es sehr auffallend, wie jetzt, wo ein großer Häuserverkauf wieder stattfindet, unter vieren gewiß drei von Juden akquiriert werden. Wenn ich was zu sagen hätte, ich ließe sie drei Generationen lang nicht handeln und alle zwanzigjährigen Jünglinge, ohne irgendeine Ausnahme, als die der körperlichen Gebrechlichkeit, wären Soldaten, da wollte ich wetten, dass in 50 Jahren die Juden als Juden vertilgt wären. Und dass das nicht ein Gewinn für die Menschheit wäre, lasse ich mir nicht ausreden, die Juden in ihrer Gesunkenheit, ihrem Schachergeist, ihrem angeborenen Mangel an Mut, der von diesem Schachergeist herrührt, sind ein Flecken der Menschheit.« (29. 3. 1816)

Sie stehen *»in unrichtigem Verhältnis zur Zeit«*. Das ist die Stimmung im Lande, nachdem Napoleon besiegt war, Europa neu geordnet und die Ideen der Reformer weitgehend ad acta gelegt waren.

Wilhelm antwortet: *»Deine Tirade über die Juden, teure Seele, ist göttlich; ich habe Lust, sie Steinen* [i.e. Karl Freiherr vom und zum Stein] *mitzuteilen, der ganz Deine Ansichten teilt, aber noch viel heroischere Mittel zur Abhilfe vorschlägt, da er die Nordküste Afrikas mit ihnen bevölkern will. Ihr mögt beide wohl recht haben, aber die Art, wie Du Dich über mich dabei ausdrückst, hat mich noch mehr getroffen. Du sagst, dass mir die Juden zu einerlei seien, das ist ein Vorwurf, den man wohl weiter als auf die Juden bei mir ausdehnen könnte. Dies Einerleisein ist überhaupt zu sehr Form in meinem Gemüt, dehnt sich auf zu viel Sachen aus und ist auch bei einzelnen zu stark. Ich muß ihm selbst immer entgegenarbeiten.* [...] *Aber auf die Juden zurückzukommen, so wäre allerdings, ohne das aufzuheben, was ich immer für gut halte, dass man ihnen bürgerliche Rechte gibt, viel zu tun, was man versäumt. Warum zum Beispiel leidet man das Loskaufen? Warum schlägt man nicht Mittel ein, andere Gewerbe unter ihnen zu befördern? Häuser mögen sie wohl viele besitzen, Güter sehr wenige bis jetzt. Itzenplitz neulich hier konnte mir nur einen Fall nennen. Der Staat brauchte sich in seinen Finanzen nicht so viel mit ihnen abzugeben und das ist ein Hauptverderben.«*

»Deine Tirade ist göttlich« war seine sehr freundliche Art, sie nicht ganz ernst zu nehmen und Caroline wehrte sich auch dagegen: *»Meine Tirade über die Juden, geliebtes Leben, über die Du Dich so süß mo-*

kierst, ist wohl nicht an ihrem Platze, allein Unrecht hat man, zu sagen, dass sie keine Güter besäßen. In allen Provinzen besitzen sie deren, und der Herr von Itzenplitz muß sehr ununterrichtet sein, der Dir gesagt hat, bis jetzt sei ein einziger Grundeigentümer. Die Masse des Vermögens ist in ihren Händen, und es ist eine der Ursachen, warum der sehr drückende Indult aufrechterhalten wird, um einigermaßen zu verhüten, dass nicht noch viel mehr Güter in ihre Hände kommen, weil bei der Aufhebung desselben allerdings viele Güter werden müssen veräußert werden. Was Berlin betrifft, so haben sie ein Drittel der Häuser, und zwar der besten, im Besitz. Ich kann mich übrigens gar nicht schriftlich so über sie auslassen, wir werden ja bald mündlich zusammen sprechen.« Die Kontroverse ging noch eine Weile weiter, und soweit wir wissen, blieb nur in diesem einen Punkt die Meinungsverschiedenheit zwischen den beiden bestehen.

Was soll ich damit anfangen? Analysieren? Historisieren? Interpretieren? Hat Carolines Herkunft zurückgeschlagen, schlug durch, dass sie aus einem alten und, wie es in den Adelsverzeichnissen heißt, »wehrhaften Geschlecht« kam, einer Familie, die viele Generationen lang von anderer Hände Arbeit gelebt und ihren Besitz nach Köpfen der Untertanen gezählt hat? Sie war die Tochter eines Grundbesitzers aus altem Geschlecht, dem ganze Dörfer untertan waren und der sich und seine Familie samt prächtigem Stadtpalais von den Einkünften aus seinen Gütern ernährt hatte. Die Besitzungen der Dacherödens lagen im Gebiet der Klein- und Kleinstfürstentümer Schwarzburg-Sondershausen, Schwarzburg-Rudolstadt, Herzogtum Sachsen-Weimar, zwischen Napoleons Modell-Königreich Westphalen und dem antipreußischen und profranzösischen Sachsen; Ihr Palais stand in Erfurt, das zum Bistum Mainz gehört hatte, dann preußisch wurde, dann zur größten Festung der napoleonischen Heere und bei den Friedensverhandlungen wieder Preußen zugeschlagen wurde.

Die altadelige Freifrau hat in ihrer Tirade fast wörtlich die Argumente benutzt, die der erzkonservative Friedrich von der Marwitz, ein energischer Gegner der Reformgesetzgebung, vier Jahre zuvor gegen die »Judenherrschaft« vorgebracht hatte: *»Diese Juden, wenn sie wirklich ihrem Glauben treu sind, die notwendigen Feinde eines jeden bestehenden Staates (wenn sie ihrem Glauben nicht treu sind, Heuchler), haben die Masse des baren Geldes in Händen; sobald also das Grundeigentum so in seinem Werte gesunken sein wird, dass es für sie mit Vorteil zu acquirieren ist, wird es sogleich in ihre Hände übergehen, sie werden als Grundbesitzer die Hauptrepräsentation des Staates, und so unser altes ehrwürdiges Brandenburg-Preußen ein neumodischer Judenstaat werden.«* Marwitz war ahnenstolz und verachtete Emporkömmlinge, zu denen er Scharnhorst, Sohn eines Unteroffiziers oder auch Humboldts zählte, die noch keine zwei Generationen Besitz und Adel hatten.

Es fällt mir nicht allzu schwer, Carolines Judaeophobie zu erklären – unzählige Wissenschaftler, Spezialisten für Preußisches, Jüdisches, Antisemitismus und Patriotismus haben ihre Zeit und Werke der Frage gewidmet, wann, warum und von wem Juden gehasst und verfolgt wurden. Es gibt sehr viele Bücher, Theorien, Untersuchungen, Geschichten dazu. Erklären lässt es sich. Es ging bei diesen Tiraden nicht um Wahrheit, es ging um Ängste im Kontext der Modernisierung.

Die Zeit war über die alte Führungsschicht hinweggegangen. Juden – die bis zur Gleichberechtigung weder Grundbesitz noch Beamtenstellen haben durften – waren die Avantgarde der dräuenden Moderne – als Bankiers, Kaufleute, als kleine Händler oder als Intellektuelle, die ihren mittelalterlichen Verhältnissen zu entfliehen suchten, wurden sie zu Repräsentanten des Kapitalismus und bekamen in dem gesamten Kontext der Reformen einen hohen symbolischen Wert. Es muss ein schrecklicher Anblick für Altadelige gewesen sein, wenn über die Güter, die gottgegeben über viele Jahrhunderte ihren Vorfahren gehört hatten, nun Menschen aus dem verachteten dritten Stand oder gar Juden in groben Stiefeln stapften, wie Fontane das zwei Generationen später im *Stechlin* so schön beschrieben hat.

Ein weiterer Grund könnte gewesen sein, dass Caroline, als sie alleine in Berlin war und ihr Mann in Wien, Frankfurt oder London als preußischer Gesandter wirkte, hauptsächlich mit Leuten Umgang hatte, die zu der christlich-deutschen Tischgesellschaft gehörten. In diesem geselligen Verein wurde der frisch geborene Patriotismus gehegt, es wurden Legenden über Friedrich II. und Königin Luise gewoben, preußische Mythen ... und Geschichten über Hostienschändung und Ritualmorde der Juden erzählt. Laut Statuten konnten nur »wohlanständige Männer von Ehre und guten Sitten, die in christlicher Religion geboren sind«, Mitglieder werden. Wohlanständig und wohlgesonnen. Zur Tischgesellschaft gehörten Achim von Arnim und Clemens von Brentano, auch Karl von La Roche, der Jugendfreund der Humboldts und ihr Schwiegersohn August von Hedemann; die Gesellschaft wird oft als erste Vereinigung mit »Arierparagraph« bezeichnet – was eine Übertreibung oder auch Beschönigung ist, weil der vor einer rechtlichen Gleichstellung der Juden gar nicht nötig war.

Man könnte auch Carolines unerwiderte Liebe zu David Koreff »ins Feld führen« (man verzeihe diesen Ausdruck, aber es geht durchaus um eine Schlacht, nämlich eine, die bis heute gekämpft wird). Er hatte das Eiserne Kreuz für seine Tapferkeit im Freiheitskrieg bekommen und sich taufen lassen, aber als er in eben jenem Jahr 1816 Professor der Medizin an der Berliner Universität wurde, war die Berliner Intelligenzia (apropos Schlacht) dagegen Sturm gelaufen. Die Hep-Hep-Rufe, das erste deutsche Pogrom seit der (formalen) Gleichberechtigung, erschallten (vor allem im Südwesten Deutschlands) erst drei Jahre später, da war nicht nur Koreff, sondern auch Wilhelm von Humboldt in Ungnade gefallen.

Es gibt herrlich einfache, auch komische Beispiele fürs Wegpacken. So hat z.B. ein (historisch nicht sehr beschlagener) Wahrer der reinen jüdischen Lehre Wilhelm von Humboldt als Rassisten entlarvt (was, mit Verlaub, lächerlich ist, er hat sich große Verdienste im Kampf um die Gleichberechtigung erworben, aber es ist verdammt schwer, mit den Widersprüchen, die auch in einem Mann wie Humboldt stecken, umzugehen). Einleuchtender ist ein Blick auf die Ängste der Leute von Stand, deren Welt und Weltbild und deren Lebensgrundlage durch die Reformen erschüttert wurden. Die Niedriggesinnten, die Wucherer, die Juden. Sie sind das Gegenmodell zu den Wohlgesinnten, die – mit Anspielung auf die Rachegöttinnen der Antike – kürzlich durch ein vielbesprochenes Buch zu Ansehen gekommen sind*. Es ist ja vor allem dieser Zusammenhang mit den humanistisch gebildeten Mördern, der es so schwierig macht, mit Carolines Angst vor den Repräsentanten der Moderne umzugehen. Erklären kann ich es, aber wie soll ich damit umgehen?

Das Wundersame an der Geschichte ist die Selbstverständlichkeit, mit der solche Tiraden inzwischen verurteilt werden. Zu Carolines Zeit und in ihrer Umgebung war es selbstverständlich, dass Juden gehasst wurden oder ordentliche Christen in Deutschland sie zumindest nicht mochten, und das blieb bis zu deren Vernichtung selbstverständlich. Auch für die Juden selbst. Neu und auf neue Weise irritierend ist, dass wir heute über Carolines Äußerungen erschrecken, dass und wie sehr sich die Parteinahmen für Juden (unabhängig von ihren Positionen, unabhängig von Stand und Weltanschauung) durchgesetzt haben, zumindest öffentlich. Ein Wunder, irgendwie auch merkwürdig und misstrauenswürdig.

Es ist schwierig, Carolines Furor so stehen zu lassen, ihn nicht wegerklären und einordnen zu können. Aber genau darum, denke ich, geht es. Also versuche ich auszuhalten, dass Caroline mit ihrem Judenhass und Wilhelm samt seinen verkorksten Männerphantasien über Sklavinnen und unterworfene Frauen zu den interessantesten und angenehmsten Figuren der deutschen Geschichte gehören. Es fällt mir sehr schwer, diese unappetitliche Seite Carolines zu akzeptieren und all die anderen Seiten, die sie auch hatte, trotzdem zu mögen. Ich beschäftige mich notgedrungen und freiwillig weiter mit dem Thema ... und bleibe weiter skeptisch und denke weiter darüber nach, wie und wann endlich diese – vielleicht auch preußische – Tradition des Entweder-Oder, Aufklärung oder Irrationalismus, Erklären oder Spüren überwunden werden könnte. Man wäre dann besser gerüstet für den Umgang mit der Moderne.

Was die Juden und die Preußen und den Patriotismus, die deutsche Romantik und den Zusammenhang zwischen Militär- und Kulturstaat betrifft, ist, auch wenn es mir auf die Nerven geht, noch lange nicht alles gesagt. Ein herrlicher Stoff, um, statt Widersprüche zu umgehen, das Umgehen mit Widersprüchen zu proben.

Meine Achse des Guten, ein mutig sein wollender Umordnungsversuch*

(2006)

Achse, Linie, in der Mitte von etwas. Die Erde dreht sich um ihre Achse. Achsen hat ein Wagen, sie verbindet zwei Räder. Das Wort Achse kommt von der Wurzel »agere« – fahren, umdrehen. Auf Achse sein – unterwegs sein, viel auf Achse – ständig unterwegs. Die Achse ist ein Rundstab mit Rädern, es gibt aber auch die Symmetrieachse und die Himmelsachse und die Achse Berlin-Rom, mit der Mussolini und Hitler sich 1936 gegenseitig stärkten.

Nachschlagewerke gehören für mich zur Achse des Guten. Womit ich schon gestanden habe, dass ich mehr im vorigen als in diesem Jahrhundert zu Hause bin. In meiner Kindheit waren die Guten und die Bösen eindeutig identifizierbar. Die Achsenmächte waren die Bösen, die Alliierten die Guten. 1953 (für Jüngere: Stalins Tod) entpuppten sich die Guten als Böse auch für diejenigen, die gewusst oder zumindest geahnt hatten, dass nicht alles gut war, was im Vaterland aller Werktätigen geschah.

Es kam also schon damals auf den Blickwinkel an, auf die Wohngegend, auf den Geburtsort ... und auf die Rasse. Für die meisten Kinder in meiner Straße waren die Russen in Uniform, die uns schützten, eine Bedrohung und keine Schutzmacht (Wien, Floridsdorf, fünziger Jahre. Ihre Eltern hatten zu dem Zeitpunkt –

meist – noch nicht zur Kenntnis genommen, dass ihr guter Führer ein Verbrecher war). Wer in Wien nach 1955 für die gute Achse der sozialistischen Länder agitierte, gehörte für die Mehrheit seiner Landsleute zu den Bösen.

Für jemanden, der – als Jude, Zigeuner oder auch Kommunist von der falschen Fraktion – ohne die sowjetischen Truppen nicht überlebt hätte und nach 1945 in einem der sich sozialistisch nennenden Länder wohnte, war die Sache noch komplizierter. Die Guten waren manchmal zugleich die Bösen. Andere, die vor den Bösen in das Land der unbegrenzten Freiheit geflohen waren, kamen zurück, weil dort McCarthy alle für böse erklärte, die möglicherweise mit dem Kommunismus sympathisierten.

Das sind die Geschichten aus der Zeit des Kalten Kriegs, in dem es zwei Welten gab und irgendwann die Dritte dazukam, wodurch sich, nach den Frustrationen über die ruinierten Ideale, weit weg noch eine Tür auftat, um Gutes in der Ferne zu finden (vielleicht sogar hinzufahren, für das Gute zu spenden und Herz und Seele bei den unterdrückten Völkern zu deponieren). Es gab Optionen, zumal für Künstler und Intellektuelle, die sich schon damals beschwerten, dass keiner sie höre, die sich aber ihrer Rolle als Denker und Mahner und Zeiger, als Provokateure, Wort- und Bildstifter noch ungebrochen erfreuen durften, ganz abgesehen davon, dass genug Geld da war, um sie zu ernähren. Auch als die Zähne schon knirschten, Rechtfertigungen vor anderen und vor sich selbst immer komplizierter wurden in den elementaren Fragen der großen Politik, Moral und Weltverbesserung, habe ich gewusst, was zu tun oder wenigstens zu denken war. Und wenn ich es nicht wusste, gab es kluge Theaterstücke oder Bücher, über die wir diskutiert haben, bis spät in die Nacht.

Die Fahr-Zeuge sind komplexer geworden, mehr Achsen, mehr Räder, eine Vielzahl von Verbindungen, Längs- und Querachsen. Die »wirs« und »mans«, »es ist und bedeutet« haben sich aufgelöst. Ideologien sind – Gott sei Dank – verdächtig. Ich kann die Achse des Guten nur noch individualistisch in Augenschein nehmen, ohne Anspruch auf Verallgemeinerbarkeit. Soll ich der Zeit nachweinen, in der die Parteinahme noch einfach schien, damals im vorigen Jahrhundert? Einfach war es auch damals nicht oder nur, wenn »man« die Augen schloss, aber es war noch relativ einfach, die Augen zu verschließen.

Wenn man nicht zurückrollen will, zumal wenn frau nicht zurück in die alten Rollen will, wird Beweglichkeit am ehesten durch Verzicht auf starre Achsen gesichert. Also: »Komm! ins Offene, Freund« (wie Hölderlin vor zweihundert Jahren rief).*

Die Achse des Guten rekurriert, wie »man« weiß, auf die Achse des Bösen, die eine funktioniert nicht ohne die andre. Der Teufel und der Liebe Gott bewegen sich auf einer Achse. »Die angenommene grundsätzliche Verderbtheit der Menschen, ihr Ausgeliefertsein an das Böse, setzt eine überirdische Kraft voraus, welche das

Gute repräsentiert«, lehrte der christliche metaphysische Dualismus, damals im Mittelalter. Die Rhetorik von der Achse des Bösen rekurriert aber nicht auf das Mittelalter (das, wie wir dank kluger Mediävisten wissen, nicht nur finster war), sie rekurriert auf Simples. Das Lob der Ambivalenz, die Freude am Vieldeutigen, die Fahrten mit offenem Verdeck – also das Erlernen der Moderne – ist wieder unterbrochen worden.

Wir haben nach 9/11 verloren. Wir? Ist es nicht pathetisch, nostalgisch und politisch inkorrekt, wenn ich formulieren würde: wir, die wir differenzieren wollten? Wir idiotischen Einzelgänger aus dem vorigen Jahrhundert, die Geschichte und Sprachen und Philosophien studiert haben und nicht Chemie, Informatik und Biologie, wir Fossilien, die Lesen und Schreiben und Denken für eine Grundqualifikation gehalten haben. Sorry, der Zynismus gehört eindeutig nicht zur Achse des oder gar der Guten.

Und was passiert mit dem Ressort, das die Weltverbesserer verwaltet haben? Die nächtlichen Debatten haben sich in Podiumsdiskussionen verwandelt; es wird in Tausenden Veranstaltungen, im TV und im Internet, auf Konferenzen und Events über jedes denkbare Thema irgendwie diskutiert. ModeraTOREN und KuraTOREN und ImitaTOREN drehen sich um ihre eigenen Achsen; ich kann aus dieser Logorrhöe keine Töne heraushören.

Debatten über die Rolle der Künstler und Intellektuellen sind ermüdend; ich brauche keine Sichtachse zu einem gelobten Land, aber vielleicht Schneisen, durch die das schwer mit Erbschaften beladene Gefährt zu einer Deponie finden könnte – wissend, dass das Böse sich immer schon besser beschreiben ließ als das Gute. Mein Lieblings-Utopist Ernst Bloch hätte gesagt: um nicht alles, was gut und schön ist, der Werbung, Hollywood, den bis weit in die Mittelschicht und zu den Intellektuellen reichenden Anhängern des Bauchgefühls oder der größten aller moralverwaltenden Institutionen zu überlassen.

DAS GUTE. Glaube, Liebe Hoffnung, die politische Utopie, vielleicht noch die Kunst, die Wissenschaft, die Wahrheit ... Alles verloren, der Himmel, das Paradies, das Vaterland aller Werktätigen, die Partei. Als die Illusion von Haltegriffen verschwunden war, hatten einige Freunde den Ashram in Indien gut genug befunden, für andere waren es Drogen, die ein neues Bewusstsein kreierten, wer konnte, begab sich auf den Marsch durch die Institutionen und es war gut, wenn man noch eine der rarer werdenden Stellen ergattern konnte. Dann kamen die Ökos und die Müslis, die Realos und die Ex-Linken, die den abgewickelten Ossis die Zivilgesellschaft erklärten ... es waren rasante Bewegungen, auf denen das Gefährt in den letzten Jahrzehnten seine Achsen gebrochen hat.

Gehts auch ein bisschen billiger? Gibt es ein Diminutiv des Bösen? Das Böserl? (Der Krampus war lange Zeit mein Lieblingsheiliger, a bisserl Teufel; auch er wurde dekonstruiert, minimalisiert als Dekor und Sexsymbol.) Ein bisschen gut sind: die guten Freunde, das gute Essen, vielleicht auch noch ein guter Lehrer – falls er nicht exzellent sein muss (exzellent als Steigerungsstufe oder vielleicht doch Diminutiv von gut?). Gut oder angenehm und ermutigend finde ich all die Leute unterschiedlichster Herkunft mit innerem Kompass, die sich gegen west-östlich-christlich-islamistische Simplifizierungen wehren.

Ich habe in letzter Zeit immer wieder imponierende junge Menschen getroffen, die viel besser als meine Generation mit all dem Chaos zurechtkommen, klug, kompetent, offen und gar nicht wehleidig. Natürlich sind es wenige, es waren immer wenige. Sie können, weil sie ständig tänzeln und sich verändern, zwischen guten und schlechten Alternativen abwägen müssen, besser mit der Ambivalenz und den Unsicherheiten umgehen als »wir«. Welch ein Luxus war das im vorigen Jahrhundert, als wir massenhaft kritisch sein konnten.

Böse oder gut, mittelalterlich oder ironisch, die Begriffe oder gar Ideale (und Leitbilder oder gar Werte) passen nicht zu den aktuellen Fragen. Wir bräuchten ein anderes Vokabular, um mit Böse und Gut nicht nur sarkastisch (oder pathetisch) umgehen zu lernen. Andere Orte, an denen ohne Mikro gesprochen und nicht Zerkautes erbrochen und immer schon Gewusstes heruntergebrochen wird. Zurzeit ist mein Wohnzimmer einer der Orte, an denen Themen und Gegenstände hin- und hergedreht werden, achselnd und zuckend.

Alles ist im Umbruch; die Achsen brechen und knirschen und erzeugen dabei laute Geräusche.

Meine identitäre Performanz ist suboptimal, der Weg vom Inhalt zum Content, vom Gesicht zum Profil misslungen. Und das ist gut so.

Abspann

Die meisten der hier abgedruckten »Deutschen Studien«* sind, wie sich am Ende zeigt, nicht überaltert, allerdings sind einige Konstruktionen aus jüdischen Studien in den letzten Jahren mutiert. Aufgeregte Debatten drehen sich jetzt um das Zentrum für Vertreibung, unabhängig von der Herkunft der »Opfer«. Das Jüdische Museum ist geworden, was vorauszusehen war, es ist beliebt, provoziert nichts und niemanden. Die neuen »Anderen« sind auch dunkelhaarig und oft auch semitisch und Einwanderer in zweiter oder dritter Generation, aber im Verhältnis zu ihnen sind Juden eng verbündet. Beinahe christlich. Wir haben es nicht mit Emigranten oder Immigranten, sondern mit Migranten zu tun, die scheinen nirgends herzukommen oder hinzugehen. Die Beschäftigung mit Antisemitismus kann bruchlos in den Kampf gegen Islamophobie übergehen, auch das passt leider zu meinen alten Aufsätzen. Da Juden heute beziehungsweise heutige Juden keine Opfer mehr sind, lässt sich die Liebe zu Opfern auf diese Weise beibehalten, sei es, um sie anbeten, zu bemitleiden oder sich mit ihnen identifizieren zu können. Man spricht nicht mehr von Kollektivschuld, aber man spricht von kollektiven Identitäten, sagt Ethnie statt Volk und subsumiert die unterschiedlichen Individuen unter religiöse Etiketten. Das Vokabular hat sich geändert, der Ton und der Furor erinnern an die Debatten von gestern.*

Verschwörungstheorien haben immer noch Konjunktur, jedoch ist die Weltverschwörung nicht mehr jüdisch, sondern israelisch. Neulich erzählte mir ein alter, immer noch linker, Bekannter von der amerikanischen Studie, die nachweist, dass eine »jüdische Lobby« für die den eigenen Interessen widersprechende Außenpolitik der USA zugunsten Israels verantwortlich ist. Beim Googeln fand ich viel Material über diese Debatte, auch kluge, differenzierte Beiträge aus Deutschland.*

Im Kopf des deutschen Nachkriegskindes, das mir die Geschichte erzählte, war eine kleine Nuance anders: Er weiß und weist mich darauf hin, dass die Autoren dieser Studie Juden seien. Er weiß auch, dass Israel an 9/11 schuld ist und zeiht mich einer unkritischen Sicht dieser Dinge, weil das für mich nach Weltverschwörung klingt. Mir geht dann durch den Kopf, wie es wäre, wenn in Deutschland – West wie Ost und auch in Österreich – Flüchtlinge nicht in so bewundernswerter Weise integriert worden wären, wenn sie heute noch in Lagern an den Grenzen zu Polen oder der Slowakei, Tschechien und Slowenien in Baracken wohnen müssten und nach Deutschland und Österreich ihre Raketen abschössen.

Aus der ehemaligen DDR erreichen mich Hinweise auf »jüdische Kader« in der SED, wenn Genossen mit jüdischem Hintergrund gemeint sind. Die meisten hatten einen Emigrations-, nicht (Migrations-)hintergrund. Sie kamen aus dem Exil und ich denke daran, wie wichtig es für Leute war, die als Juden verfolgt wurden, obwohl sie unjüdisch waren, das Judentum hinter sich zu lassen.

Es ist alles so komplex und schwierig und noch lange nicht zu Ende; ich assoziiere anders und deshalb bin ich jüdisch. Oder wars umgekehrt?

Anmerkungen

S. 9 *geschichtspolitisch genutzt wird* – »Der 9. November 1989 war ein Tag der Freude. [...] Der 9. November 1938 und der 9. November 1989 sind miteinander verbunden. 1938 wurde aus der Diskriminierung der Juden endgültig systematische Verfolgung bis hin zum Massenmord. Die Teilung konnte 1989 auch deshalb überwunden werden, weil wir Deutsche die nötigen Lehren aus unserer Geschichte zwischen 1933 und 1945 gezogen haben. Darum hat die Welt uns 1989 vertraut. Darum haben wir die Einheit in Freiheit wiedererlangt. Diesen Zusammenhang und die daraus wachsende Verantwortung werden wir immer beherzigen.« (Horst Köhler am 9. November 2009)

S. 13 *Heinrich Heine* – Harry ... Heinrich ... Henri ... Heine. Deutscher, Jude, Europäer. Grazer Humboldt-Kolleg, 6.-11. Juni 2006, Hg. Dietmar Goltschnigg, Charlotte Grollegg-Edler, Peter Revers, Berlin 2008 [Heft 208 der Philologischen Studien und Quellen]

S. 15 *Leben aufbauen* – vgl. Die ZEIT, Dossier, 4. 2. 2010

S. 16 *Klammer zu* – Programmheft 19, Saison 2009/2010 der Berliner Philharmoniker

S. 17 *nach Ostjuden sehnt* – Wolf-Jobst Siedler in Lettre international 86, S. 62

S. 36 *Ächtung als Jude* – Itta Shedletzky: »Niemals von jüdischen Verhältnissen sprechen ... Zum jüdischen Subtext in Heines Ideen. Das Buch Le Grand.« Das Jerusalemer Heine-Symposium. Gedächtnis, Mythos, Modernität. Hg. von Klaus Briegleb und Itta Shedletzky.

S. 37 *Teegesellschaften und Klubs* – Heinrich Heine: Reisebilder. Ideen. Das Buch Le Grand

S. 38 *die Narren* – Werner Mezger in: Narrenfreiheit. Beiträge zur Fastnachtsforschung, Tübingen 1980, S. 46

S. 39 *vertrieben wurden* – Anna Drabek, Wolfgang Häusler, Kurt Schubert, Karl Stuhlpfarrer, Nikolaus Vielmetti: Das österreichische Judentum. Voraussetzungen und Geschichte, Wien 1982, S. 59

S. 41 *Wollust* – J. H. Zedler, Großes Universallexikon

Philosophen ersetzt – Maurice Lever: Zepter und Schellenkappe. Zur Geschichte des Hofnarren, Frankfurt/M. 1992, S. 590

S. 42 *definiert* – bekanntestes Beispiel ist Erasmus: Lob der Torheit

S. 43 *schwer mache* – Barbara Könneker: Wesen und Wandlung der Narrenidee im Zeitalter des Humanismus, Wiesbaden 1966, S. 334

weise zu werden – Sebastian Brant: Narrenschiff, von vslendige narren

wie Juden – so von Kaiser Rudolf IV., s. Drabek et al.

S. 44 *gekommen ist* – Gerhard Petrat: Die letzten Narren und Zwerge bei Hofe, Reflexionen zu Herrschaft und Moral in der frühen Neuzeit, Bochum 1998

nicht witzig – Friedrich W. Ebeling: Geschichte der Hofnarren, Leipzig 1884

S. 45 *Ejzegeber* – jiddisch: Ratgeber

Ellipse – Clemens Amelunxen: Zur Rechtsgeschichte des Hofnarren, Berlin 1991

S. 48 *ein Nazi war* – Harald Welzer, Sabine Moller, Karoline Tschuggnall (Hg.): Opa war kein Nazi: Nationalsozialismus und Holocaust im Familiengedächtnis, Frankfurt/Main 2002

S. 51 *unglücklich ist* – Heinrich Heine: Ludwig Börne. Eine Denkschrift

S. 53 *geeignet wäre* – vgl. Thomas Meyer: Identitätspolitik. Vom Missbrauch des kulturellen Unterschieds, Frankfurt/Main 2002

S. 55 *wir spürten* – Silvia Bovenschen: Älter werden, Frankfurt/Main 2006, S. 28ff.

während des zweiten Weltkriegs nicht – Fritz Klein: Drinnen und Draußen, Frankfurt/Main 2000

S. 56 *verantwortlich machte* – Brigitte Hamann: Hitlers Wien, München, 7. Auflage 2004, S. 363

S. 57 *Frau Goldstein* – In Wirklichkeit geht es um Frau Silberstein, aber ich ändere den Namen, um mich vor möglichen Klagen zu schützen.

S. 64 *besorgen* – Gisela Miller-Kipp: »Der Führer braucht mich« Der Bund Deutscher Mädel (BDM). Lebenserinnerungen und Erinnerungsdiskurs, Weinheim und München 2008

S. 66 *geschrieben werden* – Als Schulungsmaterial verwendbar: »Wie man etwas nicht sagen darf«, s. www-jenninger-rede

S. 84 *erschienen* – Gabriele Anderl, Walter Manoschek: Gescheiterte Flucht. Der jüdische »Kladovo-Transport« auf dem Weg nach Palästina 1939-42, Wien 1993

S. 95 *Stubenbastei* – Realgymnasium in Wien mit Russisch als Pflichtfach, weshalb viele Kommunistenkinder auf diese Schule gingen

FÖJ – Freie Österreichische Jugend, das Äquivalent zur Freien Deutschen Jugend, die Jugendorganisation der Kommunistischen Partei Österreichs, in der wir auch Bündel und Blauhemd trugen.

S. 97 *darüber geschrieben* – Beim Sichten der Erbschaft. Wiener Bilder für das Museum einer untergehenden Kultur, persona verlag 1992

S. 122 *Einsteinjahr* – Seit dem Jahr 2000 richtet das Bundesministerium für Bildung und Forschung im Rahmen der Initiative »Wissenschaft im Dialog« die Wissenschaftsjahre aus, um die Wissenschaft in die Öffentlichkeit zu bringen, das Interesse an Wissenschaft zu verstärken und nicht zuletzt, um dem Brain Drain, d.h.

der Auswanderung deutscher Wissenschaftler entgegenzuwirken. 2005 waren die Feierlichkeiten Albert Einstein gewidmet (s.a. Gegenworte, Heft 15: Einsteinitis, Einsteinereien, Vereinsteinerungen).

S. 124 *verwandelt* – vgl. Axel Meyer: Brain Drain. In: Jürgen Kaube (Hg.): Die Illusion der Exzellenz. Lebenslügen der Wissenschaftspolitik, Wagenbach 2009

S. 139 *gekommen sind* – Jonathan Littell: Die Wohlgesinnten, Berlin 2008

S. 141 *Umordnungsversuch* – Die Überschrift hat nichts mit der Website gleichen Namens zu tun, sondern war der Titel der in Linz erscheinenden Zeitschrift kursiv, für die dieser Text geschrieben wurde.

S. 143 *rief* – Hanns Eisler vertonte das Gedicht 1962 im Rahmen seiner »Ernsten Gesänge«.

S. 149 *Studien* – Aus gegebenem Anlass sei erklärt: Dies ist eine Anspielung und Ergänzung zum Thema »Jüdische Studien«, die inzwischen an mehreren deutschen Universitäten angeboten werden.

von gestern – vgl. Lutz Niethammer: Kollektive Identität. Heimliche Quellen einer unheimlichen Konjunktur, Reinbek 2000

S. 150 *aus Deutschland* – John J. Mearsheimer, Stephen M. Walt: The Israel Lobby and U.S. Foreign Policy, www.lrb.co.uk sowie Johannes Timm: Der Streit um die »Israel-Lobby« in den USA. Mearsheimer und Walt in der Kritik, Stiftung Wissenschaft und Politik, Zeitschriftenschau 4. 6. 2006

Textnachweise für Teil II und III

Ist Emigrans erblich?
Freitag, 3. 12. 1999

In der Straßenbahn
So einfach war das. Jüdische Kindheiten und Jugend seit 1945 in Österreich, der Schweiz und Deutschland,
Jüdisches Museum Hohenems 2004

Mein neuer Großvater
Zwischenwelt Nr. 3, 2002

Manchmal hab ich mit meinen Eltern gehadert
Zwischenwelt Nr. 1 / 2, 2008

Ich war noch beim Frühstück …
Die Presse, 23. / 24. 2. 1991

Fühlmal für die ermordeten Juden
Zwischenwelt Nr. 3, 2005

Künstliche Befruchtung
Freitag, 7. 9. 2001

Geflohene Eliten
Zeitschrift für Kulturaustausch 3+4, 2005,
Heftthema: Deutschland von außen

Die Niedrig- und die Wohlgesinnten
In gekürzter Fassung erschienen in Merkur Nr. 716, 2009

Meine Achse des Guten, ein mutig sein
wollender Umordnungsversuch
kursiv, Jahrbuch 2006

HAZEL ROSENSTRAUCH wurde am Ende des Krieges in London als Tochter österreichischer Emigranten geboren, wuchs in Wien auf, versuchte, in die USA und nach Kanada auszuwandern und landete in Deutschland. Sie hat als Sozialwissenschaftlerin, Journalistin und Redakteurin gearbeitet und lebt jetzt als Autorin in Berlin. Von 1997 bis 2007 leitete sie die Zeitschrift »Gegenworte«.

Buchveröffentlichungen: *Aus Nachbarn wurden Juden.* Ausgrenzung und Selbstbehauptung, Berlin 1988. *Beim Sichten der Erbschaft.* Wiener Bilder für das Museum einer untergehenden Kultur, persona verlag 1992 ff. *Die Grazie der Intellektuellen.* Natascha und der Faktor S., persona verlag 1995. *Varnhagen und die Kunst des geselligen Lebens.* Eine Jugend um 1800, Verlag Das Arsenal 2003. *Wahlverwandt und ebenbürtig.* Caroline und Wilhelm von Humboldt, Die Andere Bibliothek im Eichborn Verlag 2009

Gleichfalls im persona verlag erschienen:

Hazel Rosenstrauch
BEIM SICHTEN DER ERBSCHAFT
Wiener Bilder für das Museum einer untergehenden Kultur
Eine Nacherzählung
184 Seiten, engl. Broschur, € 11,50, SFR 17,80
ISBN 978-3-924652-19-7 (1992 ff.)

Das Buch handelt vom Märchen dieses Jahrhunderts: vom bösen Kapitalismus und der Verwirklichung von Gerechtigkeit auf Erden, und jedes Kind weiß, dass es nicht gut ausgegangen ist. »Der Kommunismus wird heutzutage von seinen Anhängern apologisiert und von seinen Gegnern verteufelt. Selbst auf seinen Ruinen lässt sich nicht ruhig über ihn diskutieren ... Das Verständnis und die ironische Distanz der Autorin führen dazu, dass selbst Worthülsen, Plattitüden oder ungeschickte Selbstrechtfertigungen der von ihr befragten Veteranen Wahrheit enthalten, auch wenn diese nur ihre eigene, subjektive und rein historische Wahrheit ist ... Die Partei war für sie – und dies schildert die Autorin recht überzeugend – nicht nur eine politische Organisation, sondern eine Kultur, eine Lebensweise. Was Hazel Rosenstrauch darüber berichtet, ist ein Stück feiner Essayistik.«

György Dalos, *Die Neue Gesellschaft/Frankfurter Hefte*

Hazel Rosenstrauch
DIE GRAZIE DER INTELLEKTUELLEN
Natascha und der Faktor S.
112 Seiten, Hardcover, € 12,50, SFR 18,50
ISBN 978-3-924652-24-1 (1995)

Nataschas 60er Jahre beginnen mit einer Fahrt per Schiff von Wien nach New York, die einer Reise vom 19. ins 20. Jahrhundert gleicht. Zwischen neuen Freiheiten und beängstigenden Zukunftsbildern sucht sie nach Orientierung: Im Berlin der Studentenbewegung werden erst recht alle Werte verrückt. Ihr roter Faden ist der Faktor S.: S. wie Schreiben, Suchen, Spielen, Sehnsucht, Sinn, Sinnlichkeit, Sympathie, Skepsis, Stil, Surplus ...